라오스로 소풍갈래?

여행산문집
라오스로 소풍갈래?

초판 1쇄 발행_ 2014년 12월 12일
지은이_ 이상문
펴낸이_ 김명석
마케팅_ 정지희
디자인_ 김은정
제작인쇄_ 정문사
펴낸곳_ 도서출판 엘티에스 출판부 "사람들"
등 록_ 제2011-78호
주 소_ 서울시 관악구 신림동 103-117번지 5F
전 화_ 02-587-8607
팩 스_ 02-876-8607

ⓒ 2014
ISBN 978-89-97653-87-4 03910
정가 17,000원

라오스로 소풍갈래?

이상문 지음

사람들

Chapter 1

가난한
나라의
작은 수도
비엔티안

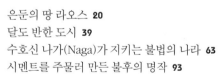

Chapter 2

느림의 미학,
루앙프라방

Chapter 3

지상의
마지막
유토피아
방비엥

Chapter 4

싸바이디
라오스

쏙띠 라오스

가난하지만 착한 동생. 라오스에 대한 나의 생각이
다. 늘 웃음을 잃지 않고 긍정적으로 잘 살아가는, 소
박하지만 내면이 그득하고 적빈한 뒤주를 털어 이웃
에게 나눠줄 줄 아는 동생 같다. 나 같은 여행자들이
공통으로 갖는 경험이지만 라오스는 언제나 평화롭
다. 그들의 정치상황이 어떤지, 미래에 대한 구상이
어떤지에 대해서는 잘 모른다. 하지만 라오스는 일
관되게 고요하고 따뜻하다.

　최근 우리나라 사람들이 라오스에 대해 갑작스런
관심을 쏟기 시작했다. 라오스는 세상에 남은 몇 안

되는 아름다운 오지이며 배낭여행자들의 천국으로 소개되고 있다. 우리의 여행 패턴이 인류가 만들어 둔 유적과 즐길 거리에 집중하다가 스스로 생겨나고 익어가는 자연과 그 속에서 느끼는 생경한 경험, 혹은 감동을 찾는 것으로 바뀌어 가는 과정에 있는 것도 큰 영향을 준 것 같다. 그렇다면 라오스는 진정 우리가 바라는 여행지가 맞다. 원시의 자연은 세월이 흐르면서 제멋대로 흐드러져 있고, 사람들은 그 자연에 기대어 순박하게 살아간다. 삶의 흔적이 만들어 둔 문화는 낯설지만 정겹고 부박한 문명에 길들여진 우리에게 깊은 성찰과 반성을 촉구한다.

나는 이 책을 일주일이라는 짧은 시간동안 단숨에 써버렸다. 라오스를 생각하며 담아두었던 애정을 유감없이 쏟아냈다. 마치 작은 나무배가 메콩강의 물결에 몸을 맡긴 것처럼 자연스럽게 떠오르는 라오스에 대한 생각을 그들의 성정처럼 소박하게 풀어냈다.

라오스를 여행하면서 떠돌았던 많은 도시와 마을을 모

두 들먹인다면 아직 생소한 라오스에 대해 중구난방이 될 것 같아 우리 여행자들이 가장 많이 찾는 3개 도시에 국한해서 정리했다. 이 도시들을 들여다보면 라오스의 면모를 부족하지만 어느 정도는 꿰뚫어볼 수 있다고 판단했기 때문이다.

지금 라오스는 긴 잠에서 깨어나고 있다. 선진국들이 라오스의 숨은 자원이나 경제발전 가치를 평가하고 지원을 아끼지 않고 있다. 태국과 중국 등 국경을 맞댄 나라는 물론이고 한국과 일본도 새로운 시장 구축을 위해 라오스를 기웃거리고 있다. 그런 까닭에 라오스는 이제 인도차이나 반도의 중요한 구성원으로 개성 있게 변모하는 중이다. 뒤늦게 개발의 대열에 합류한 나라이니만큼 그동안 주변 국가들이 저지른 시행착오를 최소화 할 수도 있을 성싶다.

그런 라오스를 이야기한 것은 가여운 동생에게 띄우는 안부편지와도 같다. 변하되 그 모습을 그대로 지켜주면서, 천천히 몸을 바꾸라는 형의 애정 어린

전언이다. 그리고 나직하게 귀엣말처럼 진심을 담은 메시
지를 전한다.

"쏙띠(행운을 빌어요), 라오스."

Chapter 1

가난한 나라의
작은 수도
비엔티안

—

초보 여행자가 내게 물었다.
"비엔티안에서
가장 가볼 만한 곳이 어디죠?"
내가 대답했다.
"지금 당신이 서 있는 곳이
가장 가볼 만한 곳입니다."

은둔의 땅
라오스

수탉이 길게 울었다. 숙소의 손수건만한 창을 빼곡
하게 채웠던 어둠이 천천히 걷히기 시작했다. 내 고
단한 새벽잠을 깨운 수탉의 목청은 싱싱했다. 한 놈
이 울기 시작하자 동네의 모든 닭들이 따라 울었다.
깊은 산골 아침잠이 없는 새들의 합창과도 같았다.
닭들의 합창이 끝나자 게으른 동네 개들이 그제야
일어나서 짖어대기 시작했다. 어떤 놈은 지악스럽게
짖어댔고 어떤 놈은 자다가 깜짝 놀라 일어나서, 아,

나도 짖어야 하나보다, 하고 억지로 쉰 목을 뽑아 짖
어대는 놈도 있었다. 개 짖는 소리는 만국이 동일하
다. 기어이 자리에서 일어나야 했다. 목조건물로 된
게스트하우스의 침대가 삐걱거렸다. 창을 열자 청량
한 바람이 한꺼번에 몰려들어 왔다. 아열대 지역의
새벽바람은 뜻밖에 쾌청했다.

•

라오스에서 맞은 첫 새벽은 마치 타임캡슐을 열었
을 때 느끼는 경이로움과 흡사했다. 고리짝 깊은 곳
에 눌려 있던 낡은 비망록을 펼쳐든 기분이었다. 내
어린 시절 치기 어린 감수성으로 얼룩졌던 서툰 문
장을 읽어나가는 것처럼 불편했다. 하지만 신선했
다. 잊고 살았던 날들에 대한 아련한 그리움이 해일
처럼 밀려왔다.

게스트하우스 마당에는 이층 지붕을 뒤덮을 기세
의 키 큰 나무가 풍성한 잎을 거느린 채 늘어져 있
었다. 그 나무에는 생전 처음 보는 열대 과일이 주
렁주렁 매달려 있었다. 동녘이 서서히 밝아왔다. 껑

충하게 키 큰 나무에 걸렸던 주황색 백열전등이 빛을 잃어가기 시작했다. 그 나무 아래 게스트하우스의 주인으로 보이는 사내가 웅크리고 앉아 무슨 일엔가 몰두하고 있었다. 주인은 고물상에서 끌고 온 듯한 폐차 수준의 자동차를 주무르고 있었다. 자세히 살펴보니 떨어져 나간 앞바퀴를 굵은 철사로 차체에 동여매고 있었다. 사내의 의도대로 그 자동차가 다시 소생해서 도로 위로 나설 것이라는 기대를 한다는 것 자체가 상식적으로 불가능했다. 어쩌면 그 사내도 자동차가 다시 구르기를 바라는 것이 아니라 별다른 소일거리를 찾지 못해 새벽잠을 포기하고 마당에 나앉은 지도 모를 일이었다.

부엌으로 보이는 곳에서 그릇을 부시는 소리가 들렸다. 사내의 아내와 딸이 손님의 아침밥을 준비하고 있는 모양이었다. 이 게스트하우스에 짐을 풀고 나서 나 이외의 다른 손님을 본 적이 없었다. 간밤, 대여섯 개의 방이 있는 이층 게스트 룸에서 두런거리는 사람의 목소리를 듣지 못했다. 삐걱거리는 나무계단을 내려오자 주인 사내는 밝게 웃으며 인사를 건넸다. "싸바이디."

부엌에 있던 사내의 아내가 물 묻은 손을 치맛자락에 훔치며 마당으로 나왔다. 아, 누이의 얼굴이었다. 검은 머릿결을 가지런히 빗어 수건으로 감췄다. 짧은 시간 어둑한 새벽녘에 타국의 여인을 자세히도 봤다고 욕할지 모르지만, 쌍꺼풀이 없는 눈에 입술이 붉었다. 크게 도드라지지 않은 콧날이었지만 단아하게 곧았다. 검정색과 황금색이 혼합된 전통치마인 씬을 입은 안주인은 나를 보자 반갑게 웃으며 합장으로 인사를 건넸다. 그리고 곧바로 부엌으로 자취를 감췄다. 돌아서는 여인의 발뒤꿈치는 굳은살로 뭉쳐져 있었다. 종아리부터 발목까지 거무스레한 피부가 이어지다가 뒤꿈치에 이르러 하얗게 도드라졌다. 맨발이었다. 마당을 가로질러 우물과 부엌을 오가던 누이의 뒤꿈치.

게스트하우스를 벗어나 골목을 걸었다. 길섶에 도랑이 흘렀다. 반가운 마음으로 다가갔다. 물이 흐르는 소리가 세찼다. 골목길에는 일제히 짖어대 기어이 내 잠을 깨웠던 개들이 나와 어슬렁거리고 있었다. 낯선 이가 나타났는데도 경계하는 눈치는 없었다. 그렇다고 반가워하지도 않았다. 개들만 없다면 골목길은 적요했다. 내 기억이라면 이 시각에 우리의 농부들은 쇠스랑을 들고 들판으로 나갈 무렵이었다. 골목이 깊어질 즈음 개울에서 인기척이 들렸다. 동네 아낙들이었다. 윗옷은 벗어젖히고 씬을 젖무덤 위에까지 올린 채 개울물에서 멱을 감고 있었다. 머리도 감고 씬 안으로 손을 넣어 몸도 씻었다. 이방의 사내가 지켜보고 있어도 그녀들은 아랑곳없이 목욕을 멈추지 않았다.

아침 산책을 끝내고 돌아오자 안주인은 그새 작은 밥상을 차려 내왔다. 계란을 부치고 토스트를 구워냈다. 그리고 하얀 쌀죽 한 그릇을 정갈한 그릇에 담아내 왔다. 죽 위에 살짝 얹은 고수의 향이 비릿했다. 마당 한 귀퉁이에 마련된 식탁에 앉아 아침을 먹는 순간, 드디어 열대의 햇살이 마당을 가득 채웠다. 주인은 그제야 폐차 앞에서 떨어져 나와 손을 씻었다. 키 큰 나무 위에서 이름을 알 수 없는 새들이 높은 소리로 울어댔다. 갑자기 들춰낸 타임캡슐 속의 현실이 내 앞에 펼쳐지고 있었다.

•

나는 '은둔의 땅 라오스'의 수도 비엔티안에 1997년 12월 처음 방문했다. 태국 국경 농카이를 넘어 황토빛 비포장도로를 하염없이 달렸다. 구닥다리 중국산 승용차 꼬리가 흙먼지를 뒤엎었고 그 먼지는 도로변 민가의 빨래 위에 고스란히 내려앉았다. 비포장도로는 대통령궁까지 이어졌다.

도로 한가운데 파리의 개선문을 닮은 거대한 조형물이 버티고 있었다. 독립 기념탑 빠뚜사이였다. 시멘트로 만든 빠뚜사이는 비엔티안의 랜드 마크 역할을 했다. 탑의 꼭대기에 올라가면 비엔티안의 사방이 한 눈에 들어온다. 열대수림이 웃자란 사이사이로 프랑스 식민지 시절 지은 고급 주택가들이 보였다. 대통령궁의 흰색 건물이 보이고 탓루앙의 황금색 탑이 보였다. 간선도로는 곧게 펼쳐져 있었지만 그 도로를 달리는 자동차는 염병이 훑고 지나간 마을의 나그네처럼 뜸했다.

괴이한 일이었다. 한 나라의 수도가 이처럼 궁벽할 수 있단 말인가. 시늉만 낸 분수대 옆으로 여행자

들을 위한 게스트하우스 몇 채가 있고 토스트나 얇은 두께의 스테이크를 파는 식당들이 있을 뿐, 외국인 여행자를 위한 배려는 거의 찾아볼 수 없었다. 해가 지고 한적한 대로변을 걷다가 깜짝 놀랐다. 우리나라 시골에서도 사라진지 오래된 반딧불이가 소위 중심가라고 일컬어지는 길거리에 지천으로 날아다녔다.

대통령궁 가까이 있는 시장에서 사람들은 저녁거리를 '비닐 봉다리'에 담아 날랐다. 우리에게 익숙한 채소나 양념들이 보였지만 대개가 낯선 음식들이었다. 태국에서도 보기 힘든 괴상한 음식들을 사들고 사람들은 종종걸음으로 집으로 향했다. 마치 순대처럼 생긴 소시지와 개구리, 박쥐 튀김, 오소리 구이, 심지어 어른 장딴지만큼 굵은 구렁이 한 토막도 그들이 사 나르는 봉다리에 담겨 있었다.

해가 기울자 시가지는 일제히 어둠 속으로 자맥질했다. 해가 지면 문을 여는 저녁시장에는 호롱불 같이 촉수 낮은 전구를 켜고 중국이나 태국에서 들여왔을 옷가지를 팔거나 전량 수입에 의존하는 생활필수품을 파는 가게들이 다시 라오스의 느린 시간을 이어갔다. 저녁시장에 펼쳐진 노천 음식점에는 시장에서 봤던 괴상한 음식들이 조리되고 있었고 지독한 노린내를 풍겼다. 사람들은 간이 좌판에 앉아 갓 구워낸 오소리를 손으로 뜯어가며 먹었고, 오동통 살이 오른 개구리 뒷다리를 맛나게 씹었다. 메콩강에서 잡아 올린 민물고기를 숯불에 구워 대나무 통에 담긴 찹쌀밥과 함께 먹었고, 진한 향기가 나는 채소들을 우리의 멸치젓을 닮은 어간장에 찍어먹었다. 코코넛과 망고를 후식으로 곁들였다.

수도의 밤길은 고즈넉했다. 멀리 보이는 불빛을 등대 삼아 걸었고 한낮 뜨겁게 달궈졌던 흙길이 저녁 바람에 시나브로 식어가는 느낌을 고스란히 느낄 수 있었다. 풀벌레 소리가 문득 가까워졌고 숙소로 돌아가는 골목길이 미로처럼 느껴졌다.

•

20세기 말, 내가 처음 라오스를 방문했을 때의 모습이다. 그 땐 정말 그랬다. 나는 라오스가 공무가 아닌 순수 여행자들에게 국경을 연지 얼마 되지 않아 처음 방문했다. 세계 최빈국의 하나로 분류되던 라오스에 대한 호기심이 나를 끌어당겼다. 아시아의 스위스라고 불리는 라오스. 한반도보다 1.1배 큰 면적을 가졌고 국토의 70% 이상이 산악지형이거나 고원지대여서 곳곳이 첩첩산중인 나라. 바다를 접하지 않은 순수 내륙국가. 중국 칭하이성에서 발원한 메콩강이 본격적으로 내달리면서 라오스의 서쪽 국경을 따라 줄기차게 흐른다. 메콩강이 내려준 자연의 선물로 농사를 짓고 고기를 잡으며 요족하게 살아갈 것 같지만 주변 강대국들, 서양 열강의 침입에 속수무책 당했던 가여운 나라가 라오스였다. 베트남전쟁 때에는 이웃 맹주였던 베트남의 편을 들었다가 미국의 호된 폭격으로 국토의 절반이 황폐화됐던 아픈 현대사를 안고 있다. 내가 아는 라오스는 고작 그 정도였다.

나는 그 후 여러 차례 더 라오스를 방문했다. 내가 처음 방문한지 20년이 가까워지는 현재, 라오스는 상전벽해를 거듭하고 있다. 신호등 하나 없던 수도 비엔티안의 도로에 교통체증이 생겼고 고산족들이 밤새 산에서 내려와 좌판을 펴던 아름다운 시장터에

는 대형 쇼핑몰이 세워졌다. 곳곳에 호텔이 생겨났고 다국적 편의점이 골목마다 자리 잡았다. 사람들의 입성은 몰라보게 깔끔해졌고 퍼석하던 얼굴에 윤기가 흐르기 시작했다.

오랜 세월 소라게처럼 외부 세력의 침입이 감지되면 잽싸게 딱딱한 등껍질 속으로 몸을 숨겨 웅크리던 라오스가 아니다. 2008년 뉴욕타임스가 '죽기 전에 꼭 가봐야 할 관광지' 1위로 라오스를 꼽은 이후 전 세계의 여행자들이 줄을 잇고 있다. 한국인 여행자들도 당연히 늘어나는 추세다. 2011년 34,707명에서 2012년 53,829명, 2013년 81,799명으로 꾸준히 늘었고 한 케이블 TV에서 잘 생긴 남자 배우 셋이 라오스 배낭여행을 즐기는 리얼 다큐멘터리가 방영된 2014년에는 폭발적으로 늘어났다.

대부분의 언론과 매체에서는 라오스를 '에덴동산', 혹은 '지상 최후의 낙원'으로 표현한다. 직접 라오스를 방문해 보면 그 표현이 실감이 난다. 왜냐하면 삶의 환경이 철저하게 도시화 되고 디지털화된 상황에 살던 우리로서는 도무지 믿어지지 않는 자연이 펼쳐지고 한 번도 경험해 보지 못한 원시의 삶이 도처에 널려 있기 때문이다. 그러다 보니 상대적 평가를 내렸을 때 마땅한 어휘를 고르지 못하고 불쑥 던질 수 있는 말이 에덴, 낙원뿐일 것이다.

그러나 그들의 삶은 유감스럽게도 그런 고급스러운 단어로 치장할 만큼 여유롭지 않아 보인다. 참 어렵게 살아가는 듯하다. 외국인 여행자들이 누리는 호사는 언감생심 그림의 떡이다. 좋은 잠자리와 기름진 음식, 언제 어디서나 남의 눈치 보지 않고 행하는 자유로운 여행자들의 행동을 그들은 망연자실 바라보며 부러워할지도 모른다. 세계 어느 오지를 가나 이 일은 벌어지고 있다. 과연 그들은 달러를 떨궈주고 가는 여행객들이 진심으로 반가운 것일까? 국민소득 500달러도 되지 않던 20년 전에 비해 1,500달러가 넘어선 지금의 삶에 만족해 할까?

지금 당장 라오스는 관광산업이 국민들을 먹여 살리고 있는 것이 분명하다. 번듯한 공장 하나 없이 모든 공산품을 중국과 태국에서 수입하는 나라에 여행자들이라도 없으면 어쩌란 말인가. 조상이 간직해 준 천혜의 자연과 그들의 핏속에 흐르는 온순하고 해맑은 천성이 외국인을 불러들인다. 고마운 일이다.

그러나 혹시 라오스인들이 눈앞의 달디 단 빵에 눈이 멀어 미래를 그르치고 있는 것이 아닐까 불안한 건 사실이다. 아름답던 시골마을이 번듯한 도시로 변하고 있고, 중국과 국경을 맞댄 북부지역은 무시무시한 중국의 공룡자본이 침투해 중국의 변방으로 전락하고 있다. 과연 라오스는 은둔의 땅이 맞을까? '은둔'이라는 단어의 뉘앙스를 쫓아 여행객들은 몰린다. 여행객들의 눈에서 콩깍지가 벗겨진다면 라오스는 무엇으로 살아갈까?

달도
반한 도시

초저녁달이 떴다. 제 살을 불려 만월이 된 달은 동부 안남산맥을 간신히 넘어 이제 막 어두워지기 시작하는 동녘 하늘로 떠오르기 시작했다. 가파른 산의 허리가 휘청하면서 철퍼덕 드러누운 평원으로 '어머니의 강' 메남콩이 도도하게 흘렀다. 허공을 가르며 오르던 달이 문득 강을 굽어봤다. 그 강에 자신의 모습이 비쳤다. 농염하게 생긴 몸매가 한 눈에 들어왔다. 달은 나르시시즘에 빠졌다. "이 정도니까 내가 지상

의 밤을 지배하는 것이야."

잠시 스스로 도취돼 지긋하게 눈을 감았던 달이 발걸음을 재촉하다가 깜짝 놀라고 말았다. 강에 비친 자신의 몸매보다 더 황홀한 풍광이 메남콩의 강변에 다소곳이 놓여있는 것이 아닌가. 달은 강변 마을의 매혹적인 자태에 빠져 가던 길을 멈추고 말았다. 세상에 이렇게 아름다운 곳이 있었다니. 깊은 밀림 속에 갖가지 나무들은 자라고 그 나무들에서 풍겨 나온 향기가 하늘을 덮고 있었다. 새들은 둥지를 틀고 이른 잠에 들었고, 빽빽한 나무들 사이로 야행성 맹수들이 몸을 풀기 시작했다. 덩치 큰 백만 마리 코끼리들은 메남콩의 물로 목을 축이고 있었다. 강을 몸에 감은 마을이 있고 그 마을에 순백의 영혼을 가진 사람들이 고단한 하루를 마감하고 있었다. "세상에, 나보다 더 아름다운 것이 있었다니." 달은 이 아름다운 마을을 갖고 싶었다. 날마다 메남콩을 가로지르며 이 마을을 굽어보고 싶었다. 그래서 달은 이 마을을 '달의 마을(위앙짱)'이라고 이름 짓고 침을 발랐다. 그제야 안심하고, 넋을 놓고 멈췄던 걸음을 다시 떼기 시작했다.

비엔티안은 '마을'이라는 뜻을 가진 라오스 말 '위앙
(Vieng)'과 달이라는 뜻을 가진 라오스 말 '짱(Tieng)'
이 합쳐져 생긴 이름이다. 비엔티안은 한 때 라오스를
지배했던 프랑스가 그들의 발음으로 붙인 이름이다.
비엔티안의 하늘에 달이 뜨면 말 그대로 그림이다. 한
적한 시골마을의 모습에서 벗어났지만 아직 비엔티안
은 달과 어울릴 때 제 맛이 난다. 그처럼 아직 땟국이
덜 묻은 도시라는 뜻이다.

•

저녁 무렵, 작열하던 햇살이 수그러진 메콩강변을
느리게 걷다보면 별이 보고 싶어진다. 서정적 감흥
에 도취되면 누구나 그런 생각을 한다. 이런 도시에
온다면 아마 에메랄드 빛을 내는 별이 쏟아질 것이
라는 착각을 하게 될 것이다. 하지만 비엔티안이 사
막도 아니고, 수천 미터 높이의 고산지대도 아닌 이
상 기대했던 별을 보기는 힘들다. 더구나 열대우림
의 하늘이 별을 조망할 수 있을 만큼 늘 쾌청할 리가
없다. 그러나, 그럼에도 불구하고 그런 상상을 하면

서 하늘을 봤다면 말짱 헛수고는 아니다. 휘영청 밝은 달을 볼 수 있다면 의외의 수확을 올리게 된다.

메콩강변에서 바라보는 달을 상상해 보라. 길이 4,020km, 유역면적 80만km²의 동남아시아 최대의 강인 메콩강은 우리에게도 익숙한 이름의 강이다. 갠지스강이나 나일강의 이질적인 느낌과는 다르다. 왠지 친숙하고 이웃 도시에서 흐르는 강인 듯하다. 비엔티안의 메콩강변은 밤이 되면 불을 밝힌다. 후텁지근한 강바람을 맞으며 파인애플 속을 파내 담은 볶음밥과 강 건너 태국에서 수입한 물간 해산물 요리로 배를 채운 뒤 비어라오를 마시거나 시럽을 적당하게 뿌린 수박주스를 마시면서 친근하지만 쉽게 볼 수 없었던 메콩강의 정취에 젖어든다.

연인들은 강변을 걸으며 이국의 밤풍경이 더해진 밀어를 나눈다. 더러는 과장된 고백이 돌출하기도 하겠지만 그건 슬그머니 용서된다. 현지인들과 외국인들이 뒤섞여 자유로운 또 하나의 독립된 공간을 만들어 낸다. 그런 곳을 지긋이 내려 비추는 달은 참으로 아름답다. 툰드라 지역에서 보는 달과 마천루의 도시에서 보는 달, 또는 설산에 걸린 달과 다른 분위기지

만 메콩강을 비추는 달은 내가 본 달 가운데 가장 아름다운 것 중 하나다. 그리고 그 달이 주는 몽환적 분위기를 안고 여행자들은 제각각의 숙소로 돌아와 꿀맛 같은 잠에 빠져든다. 강변에서 들은 고백을 주제로 핑크빛 꿈을 꾸는 이들도 적지 않을 것이다.

·

한적한 골목에서 만나는 현지인들은 모두 반가운 웃음을 던진다. 태국을 두고 '미소의 나라'라고 하지만 라오스 사람들도 절대 뒤지지 않는다. 사내들의 갈색 팔뚝과 종아리에서 건강미가 뿜어져 나오고 여인들의 흑채를 뿌린 듯한 짙은 머릿결에서는 진솔함이 묻어난다. 막다른 골목에서 현지인을 만나면 그들은 약간 몸을 비틀어 길을 터주거나, 여인의 경우 부끄러운 듯 고개를 숙이며 가장자리로 물러선다. 그러면서도 얼굴에서 미소를 거두지 않는다.

그리고 가까이서 느끼는 비엔티안 사람들의 몸에서는 항상 꽃향기가 날 정도다. 그만큼 청결하다는 말이다. 우리가 상상하는 저개발 국가의 국민들은 옷차림도 남루하고 몸 냄새도 적지 않다. 또 대부분 그 생각은 적중한다. 라오스 사람들은 그렇지 않다. 그들은 주변 환경을 정갈하게 하는 것과 함께 몸가짐도 단정하게 유지한다. 비록 고급 옷감은 아니어도 소박한 옷차림이 그들의 성정을 깨닫게 한다. 옷깃에 더러운 때가 묻은 경우를 보기 힘들다. 오히려 여행자들의 자유분방한 옷차림과 열대지역에서 흘린 땀에 묻어나는 체취가 조심스럽기까지 여겨진다.

650만 명의 라오스 인구 중 약 200만 명에 이르는 사람들이 수도 비엔티안에 몰려 산다. 수도권 집중화 현상이 어느 나라보다 심한 편이다. 비엔티안은 라오스의 수도답게 정치, 경제, 문화의 중심지다. 현재의 비엔티안은 분주하다. 학생들은 하얀 교복을 입고 이른 아침 등교를 서두르고 긴팔 와이셔츠 차림의 회사원들은 길가 노점에서 간단한 아침을 때우고 직장으로 향한다. 상인들은 가게의 문 앞을 긴 빗자루로 정갈하게 쓸어대고, 대중적 교통수단인 툭툭이 기사들은 여행자들이 모인 길거리 입구에 운집해 승객을 기다린다.

나름대로 활기찬 모습을 가진 비엔티안이지만, 아

직은 허술하다. 비엔티안의 메콩강을 건너면 바로
태국의 북부 이산지방의 작은 국경도시인 농카이다.
농카이는 태국에서도 가난하기로 이름 난 작은 도시
에 불과하다. 그런데, 비엔티안에서 1시간 남짓 달리
면 나오는 국경만 넘으면 세상이 달라진다. 일국의
수도에 있다가 태국의 시골도시로 건너갔지만, 부풀
려 말하면 어느 시골 읍 단위의 도시에 살다가 도쿄
의 신주쿠 거리에 나온 듯한 기분이 들 정도다. 그만
큼 농카이 시장에 내놓은 물목은 화려하고 메콩강을
끼고 있는 식당의 메뉴는 기름지다. 이 묘한 대비를
통해 라오스가 얼마나 빈한한 국가인지 알게 된다.

국경을 건너면 태국 소유의 버스가 나타나고, 그
버스는 라오스의 버스에 비해 엄청나게 편리하다.
에어컨이 속 시원하게 가동되고 천장에 달린 스피
커를 통해 나오는 라디오 방송의 진행자 목소리부터
활기차게 들린다. 툭툭이 기사의 흥정도 다르다. 라
오스의 툭툭이 기사들이 부르는 운임은 각양각색이
다. 조금 닳아 보이는 기사는 여행객의 인상착의를
파악하고 나서 만만하고 얼뜨다 싶은 사람에게는 정
상 운임의 대여섯 배를 부풀려 던져 놓고 타협을 시

도한다. 승객이 거부하고 뒤돌아서면 그제야 정상에 가까운 운임을 제시하면서 달려온다. 농카이의 기사들은 달랐다. 대부분의 기사가 제시하는 운임은 비슷했다. 그리고 그 운임이 못마땅해 돌아서는 승객들은 뒤돌아보지 않고 무시해 버린다. 경제적 여유에서 오는 결과일 것이다.

라오스에서 아이스크림이나 과일 주스, 과자를 사서 들면 어김없이 태국 제품이다. 심지어 우리나라 과자도 쉽게 구할 수 있다. 라오스에서 만드는 먹을거리는 아직 자연에서 얻는 것밖에 없다.

그러나, 비엔티안은 인도차이나 반도 다른 국가들의 도시에 비해 어딘가 모르게 낭만적인 도시 분위기를 가지고 있다. 여행자 거리를 벗어난 국립문화센터 주변과 비교적 잘 정돈된 거리를 걷다보면 목가적이기도 하다. 그 이유는 무엇일까? 곰곰이 따져보니 건축물이 주는 매력도 한 몫을 한다. 프랑스 식민지 시절에 지어진 고급 주택들이 아직 고스란히 남아 있고 더러는 새롭게 고쳐서 활용하고 있어 이국적인 분위기를 보너스처럼 안겨준다.

•

비엔티안의 중심 시가지에 분수 하나가 있다. 남푸
분수다. 이 분수를 기점으로 여행자들은 길을 더듬
는다. 그러나 이 분수는 그냥 시늉만 하고 있을 뿐 본
래의 역할을 하지 않는다. 요즘 들어서 밤이 되면 물
을 뿜고 원색의 촌스러운 조명도 함께 쏘아 올리지
만 차라리 아무런 역할을 하지 않는 분수가 더 인상
적이다. 한낮의 햇살에 온통 속살을 드러내고 버티
는 분수 주변에는, 아무도 얼씬거리지 않는다. 바싹
마른 분수는 단지 동서남북을 구분해 주고 비엔티안
여행의 지남철 역할만 한다.

남푸 분수를 보면 반갑다. 비엔티안의 모습을 보는
듯하기 때문이다. 필요 이상의 허세가 아니라 절제
할 줄 알고 꿋꿋하게 남루를 견딜 줄 아는 끈기를 본
다. 낯선 땅을 밟은 이방인들을 모두 품어 안고 일일
이 길을 일러주는 친절함도 있다. 밤이 되면 그제야
물을 뿜어 올려 제 깜냥의 멋으로 여행에 지친 손님
의 몸을 쉬게 한다.

메콩강변에서, 남푸 분수에서 깊어가는 밤을 즐기

다가 타박타박 숙소로 돌아가는 여행자들의 발길을 인도하는 것이 있다. 소담한 달빛이다. 달의 마을 비엔티안의 어두운 골목길을 밝히는 것은 어설픈 가로등이 아니라 우아한 달빛이다.

수호신 나가(Naga)가
지키는 불법의 나라

갑자기 폭풍우가 거세게 몰아닥쳤다. 석가모니 부처
님은 큰 나무 밑에서 깊은 명상에 빠져 있었다. 비
바람이 거세게 몰아쳐도 부처님은 꿈쩍도 하지 않았
다. 그만큼 부처님의 명상은 열반의 경지에까지 이
르러 있었다. 성난 폭풍우는 부처님의 연약한 몸을
휩쓸어갈 듯이 덤볐다. 부처님이 기대고 있는 나무
안에는 뱀의 왕인 무차린다가 살고 있었다. 위험에
닥친 부처님을 보고 무차린다는 몸으로 부처님을 감

쌌다. 그리고 목을 코브라의 목처럼 넓혀서 7일 동안 부처님을 지켰다. 부처님은 폭풍우가 잦아든 7일 후 명상에서 깨어났고 자신을 구해 준 무차린다를 수호신으로 지목했다.

산스크리트어로 뱀을 나가(Naga)라고 부른다. 뱀 중에서도 목이 넓은 코브라를 일컫는다. 나가는 힌두 신화에 등장하는 일종의 신이다. 나가는 불교와 함께 중국으로 전파되면서 용이라는 한자어로 번역된다. 그래서 인도차이나 반도에 무수하게 목격되는 나가상은 뱀도 아니고 용도 아닌 요상한 모습으로 묘사돼 있다. 특히 라오스에서 나가는 불경을 지키는 수호신으로 격상된다. 아마도 무차린다 설화가 설득력 있게 전해진 모양이다. 국민의 90%가 불교를 신봉하는 불교국가 라오스에서 나가는 단순한 불경의 수호신이 아니라 나라를 지키는 수호신으로 여겨지며 곳곳에 나가상이 존재한다.

1828년 이웃나라 시암왕국이 라오스를 침공했다. 당시의 시암왕국은 엄청난 힘을 가진 국가였다. 라오스인들은 아름답게 지켜온 왕국이 멸망할 것이라고 낙담을 했다. 시암의 군인들은 도시 한 가운데 있

는 황금의 탑에 도달했다. 같은 불교국가이지만 이
처럼 아름다운 탑을 자신들의 왕국에서는 본 적이
없었다. 더구나 그 탑이 황금으로 옷 입혀져 있었으
니 더할 나위 없는 장관이었다. 군인들은 라오스를
침공한 본연의 목적을 곧 잊고 말았다. 장군이 명을
내려 탑에 입혀진 황금의 옷을 벗기도록 했다. 전쟁
의 노획물 중 황금만한 것도 없기 때문이었다. 그 때
탑 속에서 일곱 마리의 나가가 출현했다. 시암의 군
인들은 기겁을 했다. 그리고 뒤돌아보지 않고 메콩
강을 건너갔다. 이 탑이 바로 탓담이다. 그러므로 나
가가 국가의 수호신인 것도 틀림없는 사실이다.

　탓담은 비엔티안의 도심에 있고 '검은 탑'이라는
뜻을 가지고 있다. 시암의 침략자들이 황금을 벗겨
가 버렸으니 검은 속살을 드러낸 탑의 이름으로는
적합하다. 탓담은 미국 대사관 주변에 있으며 지금
은 오가는 교통수단으로 혼잡해진 도로에서 로터리
역할을 담당하고 있다. 거무스레한 몸통에 온갖 잡
풀들이 돋아나 마치 버려진 폐탑처럼 그로테스크하
게 보인다. 나라를 지켜낸 숭고한 탑이라고 생각하
기에는 초라할 정도다. 늦은 밤 시간 인적이 뜸할 때

탓담을 방문하면 무섬증까지 느낄 수 있을 정도다. 그래서 여행객들은 이 탑을 그냥 무심코 지나쳐 버린다. 하지만 탑은 경건하고 근사하게 생겼다. 전형적인 크메르 양식의 탑은 불교국가 라오스를 상징할 수 있는 탑으로 손색이 없다.

탓담은 도시 한켠에서 고요하게 직립해 있다. 로터리를 돌아가는 툭툭이의 매연을 삼키기도 하고 깊은 밤 여행객이나 주민들이 몰래 투기하는 쓰레기를 거느리기도 한다. 그러나 나는 비엔티안, 아니 라오스에서 가장 인상적인 조형물을 꼽으라면 거침없이 탓담을 꺼내든다. 라오스의 역사를 오롯하게 느낄 수 있는 까닭이다.

●

라오스의 건국신화는 매우 재미있다. 그들의 조상은 조롱박에서 태어났다. 쿤 보롬이라는 신이 하얀 코끼리를 타고 지상으로 내려와 지금의 라오스 동부지역에 두 개의 조롱박을 발견하고 슬금슬금 톱질을 했다. 박이 갈라지자 그 안에서 남자와 여자, 동물,

씨앗 등 땅에서 살아갈 모든 구성요소들이 쏟아져 나왔다. 조롱박에서 나온 일곱 남자들은 땅을 일곱 개로 나눠 지배했다. 이것이 라오스의 시초다.

그 이후의 역사는 상세하지 않다. 기록에 남아 있는 라오스의 역사는 14세기 중반에 건국된 란상왕국에서 비롯된다. 란상왕국은 라오스 최초의 통일국가이며 '백만 마리의 코끼리'라는 뜻을 가지고 있다. 그 이전의 역사는 주로 승려들이나 구전 시인들에 의해 전해져 왔다. 심지어 란상왕국 이후의 역사도 이웃나라인 태국과 베트남의 역사학자들이 구체화시켰다고 하니 라오스의 역사가 주체적 사관에 의해 전해졌다고 여길 수는 없다.

통일국가였던 란상왕국 이후로도 라오스 왕조들의 역사가 순탄하지는 않았다. 이웃나라인 태국과 캄보디아, 미얀마의 역대 왕조들이 라오스를 방관하지 않았다. 수시로 침략하고 보물을 약탈해 갔다. 왕족을 볼모로 잡기도 하고 땅의 일부를 귀속시키기도 했다. 그리고 근대에 와서는 프랑스의 식민지 시대를 거쳐 일본의 점령을 받았다. 이 정도라면 라오스의 고유한 문화는 갈기갈기 흐트러져 있어야 한다.

하지만 놀랍게도 이들의 문화는 오롯이 그들만의 것
이다. 수많은 소수민족들로 구성된 국가지만 인도차
이나 반도의 여타 국가들과 뚜렷이 구별되는 문화를
지켜냈다.

그 이유는 무엇일까? 신비로운 일이 아닌가. 아마
도 국토의 70%가 산악지대로 이뤄진 험준한 지형지
세가 스스로의 향기를 지켜내는 데 큰 몫을 차지했
을 것이다. 그리고 란상왕국에서부터 받아들인 소승
불교가 라오스인들의 정신적 뿌리가 됐기 때문일 것
이다. 무수한 외침에 흔들리고 시달렸어도, 찢기고
할퀴어졌어도, 굳건하게 지켜낸 그들의 문화는 바
로 탓담처럼 엄중하다. 비록 검게 변하고 수풀이 뒤
덮였어도 일곱 마리의 나가가 살면서 나라를 지켜낸
탓담처럼, 라오스의 문화도 상처받고 흔들렸지만 묵
묵하게 본래의 모습을 간직하고 있다.

탓담과 함께 비엔티안의 또 하나의 감동적인 곳이
있다. 다분히 개인적인 취향이지만 나는 왓시사켓을
좋아한다. 아시아의 흔한 불교 사찰처럼 장중한 규
모와 화려한 건축물을 가지지 않았고, 마치 정갈하

게 살다간 귀족의 집처럼 단출하지만 왓시사켓은 사찰이 주는 신성함을 잘 간직하고 있다. 1818년 건립됐으니 그리 긴 역사를 가진 사원은 아니다. 하지만 왓시사켓은 숱한 전쟁 속에서도 원형을 그대로 간직한 비엔티안의 가장 오래된 사원이다. 시암의 군인들이 탓담의 황금을 노략질할 당시 비엔티안의 사원들은 모두 불타 없어졌다. 그러나 왓시사켓은 유일하게 남았다. 그러니 비엔티안의 현존하는 가장 오래된 사원일 수밖에 없다. 이 사원은 각지의 군주들이 국왕에게 충성을 서약하던 장소로 알려져 있다.

왓시사켓의 중앙에 위치한 본당에는 부처의 전생을 이야기한 설화집인 자타카를 그림으로 옮긴 벽화가 일부 남아 있다. 가장 눈에 띄는 보물이다. 흔히들 왓시사켓의 볼거리로 본당을 둘러싼 긴 회랑에 모셔진 불상들이라고 하지만 나는 자타카 벽화에 더 눈길이 갔다. 미술전문가는 아니지만 내 눈에는 이슬람 문화권에서 보았던 세밀화와 완전히 다른 분위기로 다가왔다. 또, 우리나라 사찰의 탱화와도 달랐다. 아름다운 색감의 자타카 벽화는 현대적 회화 기법이 보일 정도로 예술성이 뛰어났다.

회랑의 불상들을 폄하하는 것은 아니다. 처마를 얹은 긴 회랑을 가득 메운 불상들은 장관이다. 왓시사켓의 불상들은 모두 6천여 개가 넘는다. 가히 불상박물관이라고 불러도 좋을 만큼의 다양한 크기와 형태, 부재들로 만들어진 불상들은 16세기부터 19세기에 이르기까지 비엔티안에서 만든 것들이 대부분이다. 그리고 더러는 15세기부터 16세기까지 루앙프라방에서 만들어진 불상들도 있다고 한다. 목이 잘려나간 불상은 부지기수고 부처님의 눈알이 달아난 불상이 대부분이다. 이상한 일이었다. 왜 하필 부처님의 눈알이 빠져 있을까? 알고 보니 보석으로 치장된 눈을 누군가가 훔쳐간 까닭이었다.

그리고 왓시사켓의 또 하나의 아름다운 보물은 바로 나가상이다. 본당 인근에는 두 개의 나가상이 있다. 하나는 본당의 뒤쪽에 있는 비교적 현대에 만든 것이고, 하나는 불상들이 진열된 회랑에 놓인 낡은 나가상이다. 두 개 모두 나무로 조각한 것인데 각각의 매력을 가지고 있다. 새것은 색상이 화려하다. 라오스의 아름다운 문화를 그대로 재현해 놓은 것 같다. 그리고 조각의 디테일이 도드라진다. 한 번 보고

는 얼른 눈을 뗄 수 없을 정도로 강렬한 색채미를 가지고 있다. 낡은 것은 은근한 당김이 있다. 오랜 세월 풍상을 겪은 라오스를 수호한 나가의 엄중함이 도사린 듯하다. 몇 군데의 조각이 떨어져 나갔지만 고풍스러운 멋이 새것에서 느낄 수 없는 단호함을 품고 있다.

나가상은 라오스 사찰 곳곳에서 발견할 수 있다. 대부분 본당에 오르거나 높은 건축물에 오르는 계단의 난간을 장식하고 있다. 하지만 왓시사켓의 나가상은 그 중 가장 아름답고 정교해서 오랫동안 머릿속에서 지워지지 않을 것이다. 비엔티안이 자랑할 만한 사원 왓시사켓. 우르르 몰려가서 대충 보고 나올 곳이 아니다. 시간적 제약을 따라야 하는 패키지 여행객들은 아쉬움을 안고 발길을 돌려야 한다.

·

태국 방콕을 여행하는 사람들이라면 누구라도 한번은 왕실사원인 왓프라깨우를 방문했을 것이다. 이곳에서 높이 60cm의 에메랄드 불상을 보지 못한 사람 또한 없을 것이다. 이 불상은 태국의 국보 1호다.

에메랄드 불상이 처음 발견된 곳은 태국의 북부 치앙라이였다. 15세기 초반 치앙라이에 있던 한 탑이 번개에 맞아 파괴됐는데 그 속에서 신성한 불상 하나가 발견됐다. 그것이 바로 에메랄드 불상이었다. 에메랄드라고는 하지만 사실 이 불상은 옥으로 만들어졌다. 과거 스리랑카에서 만들어 치앙라이에 세워졌던 태국의 란나 왕조에 전해졌다고 한다.

이 불상을 둘러싼 주변국가의 쟁탈전은 치열했다. 치앙라이에서 발견된 불상은 란나 왕조의 수도였던 근처 도시인 치앙마이로 거처를 옮겼다. 불상이 옮겨지면서 란나 왕조는 크게 부흥하는 기적이 일어났다. 호시탐탐 불상이 주는 행운을 노리던 라오스의 란상왕국이 란나왕국을 침공해 비엔티안으로 옮겨왔다. 그 후 란상왕국도 크게 부흥했다. 원래의 소유였던 태국이 가만히 앉아서 두고 볼 일은 아니었다. 란상왕국의 국력이 쇠퇴할 무렵 태국의 짜끄리왕국의 라마1세가 라오스를 침략해 왕국의 수도인 방콕으로 다시 빼앗아 가고 말았다.

현재까지 라오스는 에메랄드 불상의 소유권을 주

장하면서 태국에 반환을 요구하고 있다. 하지만 어불성설이다. 태국의 국력으로 봐서 그 요청이 받아들여지기는 절대 불가다. 두 나라 모두 불교를 국교로 여기는 나라이고, 불상은 이미 태국의 국보 1호로 지정돼 있다. 아무튼 에메랄드 불상을 프라깨우라고 칭하며 불상이 보관됐던 치앙라이, 치앙마이, 비엔티안, 방콕에는 프라깨우 사원, 즉 왓프라깨우가 있다.

비엔티안의 왓시사켓 맞은편에 있는 사원이 바로 란상왕국 때 에메랄드 불상이 모셔져 있던 사원인 호프라깨우다. 호프라깨우는 왓프라깨우와 같은 말이다. 과거 왕실사원으로 존재하던 호프라깨우는 과거의 영화를 뒤로한 채 현재는 불상 등을 전시한 박물관으로 사용되고 있다. 1565년 지어졌으나 시암의 침공으로 불타 없어졌다가 1936년 지금의 모습으로 재건됐다. 박물관 안에는 다양한 란상왕국의 불상들과 불구들이 전시돼 있다. 라오스 불교를 연구하기 위한 소중한 자료들이 보관돼 있는 셈이다. 루앙프라방에서 비엔티안으로 수도를 옮기면서 지어졌던 왕실사원. 한때 행운을 가져다주는 신성한 에메랄드

불상을 모셨던 사원은, 지금 그 위엄이 사라지고 소박한 종교박물관의 모습을 유지하고 있는 것이다.

•

80세에 이른 석가모니 부처님은 북인도 쿠쉬나가르에 머물고 계시다가 이웃 마을의 잔칫집에 초대돼 돼지고기 수육을 공양 받았다. 그 수육이 잘못된 모양이었다. 쿠쉬나가르로 돌아오신 부처님은 며칠간 토사곽란을 겪었다가 조용하게 열반에 드셨다. 부처님의 시신은 열반에 드신 곳에서 약 1km 정도 떨어진 화장터로 옮겨졌다. 열반 의례가 끝나고 점화를 하자 부처님의 시신은 금방 산화됐다. 그리고 숯덩이 하나 남기지 않고 깨끗하게 사뤄졌다. 그런데 부처님이 누웠던 자리에서 희한한 광채가 돋아났다. 부처님의 유해가 사리로 변해 있었다.

부처님의 장례에 참가했던 각국의 대신들이 부처님 생전의 인연을 내세워 서로 사리를 가져가려 했다. 어떤 대신은 같은 민족이라는 이유로, 어떤 대신은 자기 나라 출신이라는 이유로, 쿠쉬나가르의 대

신은 자신의 땅에서 열반에 드셨다는 이유 등을 들
어 부처님의 사리를 갖겠다고 다퉜다. 그 때 부처님
의 현명한 제자가 사리를 공평하게 나눠 봉안하자고
제의했다. 참석했던 여덟 나라의 대신들은 모두 찬
성했고 부처님의 사리는 8등분으로 나눠졌다. 부처
님의 현명한 제자는 사리를 담았던 항아리를 들었
다. 그러나 어느 나라의 대신이 너무 늦게 도착하고
말았다. 하는 수 없이 그 대신은 화장터에 흩어진 재
를 쓸어 모았다. 그래서 인도에는 8개의 사리탑과 1
개의 병탑, 1개의 재탑이 생기게 되었다. 그리고 훗
날 부처님의 수염과 머리카락을 모아 만든 1개의 탑
이 더 생겼다.

불교가 인도에서 인근 국가로 전파되면서 부처님
사리는 다시 조금씩 나눠졌다. 부처님의 진신사리를
봉안한 절은 그 나라의 가장 신성한 절로 숭앙된다.
라오스도 예외는 아니었다. 비엔티안 외곽 4km 지
점에 위치한 탓루앙은 부처님 가슴뼈 사리가 모셔진
사원으로 알려져 있다. 3세기 초 인도의 불교왕조였
던 아소카왕조가 라오스에 불교를 전파하며 모셔온
사리라고 전한다. 그런 까닭에 탓루앙은 라오스라는

국가의 상징이다. 라오스의 국장과 지폐에 탓루앙이 그려져 있으니 더 말할 나위는 없다.

내가 부처님의 진신사리를 본 것은 20여 년 전 중국 산시성 시안의 북쪽 100km 지점에 있는 파먼사가 유일하다. 이 절의 지하에서 부처님 손가락 마디로 추정되는 진신사리가 출토됐다. 함께 발굴된 문서가 진신사리임을 증명해 줬다. 마침 사리 친견을 허락하는 기간에 방문한 나는 내 눈 앞에 놓인 부처님의 유해에 전율했다. 당시의 경험은 지금도 잊어지지 않는다.

탓루앙에 모셔진 부처님 진신사리는 확인하지 못했다. 탓루앙은 부처님 진신사리가 모셔진 곳에 1566년 세타티랏 왕이 건설했다. 탓루앙 입구에 세워진 대형 동상의 주인공이 바로 세타티랏 왕의 동상이다. '탓'은 라오스의 전형적인 탑파양식을 뜻하는 말이고 '루앙'은 '신성한'이라는 뜻이니 탓루앙은 '신성한 탑'이라는 뜻을 가지고 있다.

탓루앙은 약 45m 높이의 황금색 탑이 압권이다. 특히 라오스의 강렬한 햇살을 받으면 그 탑의 위엄은 가히 범접하기 힘들 정도다. 탓루앙을 방문하는 시기는 11월 초가 가장 좋다. 라오스의 대표적인 불교축제인 '탓루앙 페스티벌'이 열리기 때문이다. 이 축제는 1주일간 지속된다. 라오스의 가장 큰 축제 중 하나다. 탓루앙의 황금탑과 함께 어울리는 세타티랏 왕의 동상도 볼만하다. 세타티랏 왕은 라오스의 수도를 비엔티안으로 옮긴 왕이다. 동상의 어깨 너머로 보이는 탓루앙의 모습은 신성함을 넘어서서 신비하기까지 하다.

라오스에서 태어난 사내라면 일생동안 한 번은 사원에 들어가 수행을 하게 된다. 짧게는 한 달, 길게는 3년 동안 이어지는 수행생활은 불교국가 라오스의 국민이라면 자랑스럽게 여기는 통과의례다. 나가가 나라를 지켜주고 국민의 마음에 부처님의 가르침이 있다면, 라오스는 따뜻하고 행복한 나라임에 틀림없다.

시멘트를 주물러 만든
불후의 명작

아침이 더디게 밝았다. 건설부 장관은 프랑스식 빌라의 관저 발코니를 들락거리며 줄담배를 태우고 있었다. 밤새 한숨도 자지 못했다. 전날 현장 감독관이 급하게 달려와서 올린 보고는 신생 독립국가 라오스의 현실을 그대로 반영하는 것이어서 참담한 심정이었다. 20세기 초반 프랑스와 일본의 침탈에서 독립하기 위해 싸우다 목숨을 잃은 라오스인의 영혼을 달래기 위해 독립기념탑을 건립하기 시작했다. 하지만 이 숭고한 탑이 중간쯤 올라가다가 시멘트가 동이 나버려 공사가 중단될 위기가 왔다는 것이었다. 그 건축물이 새롭게 출발하는 라오스에 있어서 얼마나 중요한 것인가를 잘 아는 정부의 고위 관료가 겪는 갈등은 적지 않았다.

밤새 전전반측하다가 떠오른 묘안이 하나 있었다. 마침 비엔티안 공항의 활주로를 건설하기 위해 미국에서 원조를 받은 시멘트가 공항 건설 현장에 야적돼 있다는 사실을 떠올린 것이다. 그것을 우선 사용하자는 건의를 대통령에게 올릴 참이었다. 물론 교통부 장관의 저항은 있겠지만 결정은 절대적으로 대통령의 몫이었다. 새로운 해결책을 마련한 건설부 장관은 마음이 조급해졌다. 날이 밝으면 메콩강변에 시멘트로 지어진 흰색 대통령궁으로 달려갈 참이었다. 두 갑의 담배를 다 태워도 동녘이 밝아오지 않았다. 장관은 이미 제복을 갖춰 입은 상태였다.

이른 아침부터 집무실로 달려온 건설부 장관의 제안을 들은 대통령은 잠시 침울한 표정을 지었다. 이 가난한 나라의 미래를 어떻게 설계할 것인지 막막하기도 했지만 라오스 발전의 동력인 공항이 우선인

지, 국가의 정신적 상징물을 지어 국민의 마음을 하나로 묶는 것이 우선인지 쉽게 가늠이 되지 않았다. 그러나 그 고민은 오래 가지 않았다. 라오스의 영혼과 정신을 되찾지 않고 경제적 발전을 먼저 고려한다면 국가의 미래는 사상누각이라는 결론을 얻은 것이다. 대통령은 교통부 장관을 불렀다. 교통부 장관이 대통령궁에 도착하기까지 안절부절한 것은 대통령이나 건설부 장관이나 마찬가지였다.

교통부 장관은 건설부 장관의 제안을 듣고 나서 잠시도 망설이지 않았다. 그도 두 사람의 뜻에 흔쾌히 동의한다는 것이었다. 독립기념탑인 빠뚜싸이는 그렇게 지어졌다. 1960년대 초반의 일이다. 그래서 라오스 사람들은 그들의 고통 받은 현대사를 한 눈에 바라볼 수 있는 빠뚜싸이를 '수직 활주로'라고 부른다. 다소 냉소적인 표현이기는 하지만 자신들의 아픔을 여과 없이 그대로 드러낸 라오스인들의 진솔함과 순수성을 느끼게 하는 말이다.

빠뚜싸이는 비엔티안의 남과 북을 잇는 가장 넓은 간선도로의 한 중간에 우뚝 솟아 있다. 시멘트로 만든 이 건축물은 7층 건물의 높이다. 50년의 세월이 흐른 지금은 시멘트의 부식으로 검버섯이 피어나 우중충한 모습을 띄고 있지만 그 자체로 라오스의 분위기를 잘 표현하고 있다. 빠뚜싸이는 비엔티안의 랜드 마크다. 북으로 멀리 대통령궁이 보이고, 바로 밑에는 정부종합청사가 자리 잡고 있다. 정부의 관료들은 날마다 빠뚜싸이를 쳐다보면서 프랑스로부터 독립을 쟁취한 뒤 당당한 인도차이나 반도의 구성원으로 발전하는 데 빠뚜싸이의 정신적 훈수가 크게 작용했다고 믿고 있을 것이다.

라오스인들의 상상력은 비상하다. 프랑스와 독립을 위해 싸우다 숨진 영혼을 위무하기 위해 지은 탑의 모양을 프랑스 파리에 있는 개선문과 흡사하게 만든 것이다. 도대체 이건 무슨 의미일까. 우리나라의 경우 민족정기를 되찾겠다며 경복궁을 가로막고 있던 조선총독부 건물을 국민적 합의 없이 한순간 허물어 버리지 않았던가. 13세기에 세워진 스페인 그라나다의 알함브라 궁전의 경우를 본다면 라오스

정부의 상상력과 대한민국 정부의 졸삽한 사관이 극명하게 대비된다. 스페인은 한때 안달루시아 지방을 지배했던 이슬람 왕국이 세운 알함브라를 허물지 않고 고스란히 보존하면서 외세를 극복한 민족적 우수성을 반면교사하고 있다. 라오스 정부 관료들은 멍청이들만 모인 것이 아니다. 프랑스인들이 자신들을 지배했던 아픈 역사를 기억하고, 그들과 맞서 싸우다 목숨을 잃은 숭고한 독립투사들의 거룩한 희생을 되새기는 일거양득을 노린 것이다. 후진국에서도 배울 것이 있다면 배워야 할 대목이다.

화강암이 아닌 시멘트로 만든 빠뚜싸이는 외양만 개선문을 닮았지만 내부에 들어가면 라오스의 냄새가 강하게 풍긴다. 벽을 뚫어 외부를 볼 수 있게 한 창은 라오스 불교의 전통양식을 활용했고 천장과 벽면에는 비쉬뉴, 브라마, 인드라 같은 힌두교 신들과 힌두 서사시 라마야나에 등장하는 신들을 조각해 놓았다. 또 꼭대기 층으로 올라가면 불교사원에 온 듯 숙연한 분위기도 느껴진다. 여기에다 내부의 공간에 다양한 공예품과 기념품을 파는 상점들도 입주해 있다. 7층 높이의 가파른 계단을 올라가면서도 결코 무

료하지 않은 구조다.

빠뚜싸이의 정상에 오르면 비엔티안의 시가지가 한눈에 들어온다. 워낙 작은 도시이므로 눈에 들어오는 것이 전부라고 해도 지나친 말은 아니다. 불과 10여 년 전만 해도 비포장 도로였던 간선도로가 말끔하게 포장돼 있다. 사람들은 독립기념탑 위에 올라서서 가쁜 숨을 내쉬며 깊은 생각에 빠져본다. 빠뚜싸이를 둘러싼 정원과 분수대는 2004년 중국이 만들어 준 것이다. 현재의 국제공항을 일본이 건설해 준 것과 마찬가지다. 경제적 잠입이다. 나라를 지키려 했던 호국영령들을 기린 탑 위에서 라오스의 미래를 생각하게 된다. 이 가난한 나라가 오랜 세월 그들만의 온전한 정신과 문화로 살아남기 위해서 어떤 활로를 뚫어야 할까. 공항 활주로를 건설하려던 시멘트로 만든 독립기념탑에서 라오스 사람들의 정신이 하늘로 비상하기를 바라는 것은, 그들의 아름답고 착한 심성과 문화를 아끼는 사람들의 공통된 생각이다.

·

그렇다. 라오스는 가난한 나라다. 이것은 어김없는 사실이다. 인적 자원도 물적 자원도 절대적으로 부족하다. 험악한 산지에 묻혀있는 부존자원이 얼마나 될지 가늠하기 힘들고 메콩강의 풍부한 수자원도 활용을 위한 기술적 한계가 있다. 당연히 문화적 자원도 취약하다. 그들의 전통문화는 그들의 삶속에 녹아들어 있어 건강하게 보존되고 있지만 새로운 문화의 발전 속도는 매우 더디다. 이러한 라오스의 문화적 현실을 가장 잘 드러낸 곳은 불상공원이라고 일컬어지는 씨엥쿠앙이다.

1950년대 초반 프랑스에서 독립한 라오스에 스스로 신성한 사람이라고 여기는 조각가가 있었다. 루앙분르라 쑤리랏이라는 조각가다. 그는 어느 날 라오스를 지켜낸 온갖 신들을 빚어 메콩강변에 세워두고 라오스의 역사를 길게 이어나가기를 기원하기로 마음먹었다. 하지만 그 많은 신상을 조각할 돌이 마땅치 않았다. 중국 윈난에서 수입하는 것이 가장 타당하고 쉬운 길이었지만 자신에게도, 정부에서도 그 재원이 없었다. 결국 시멘트를 활용하기로 했다. 시멘트는 돌보다 구조를 형상화하는 작업이 손쉬운 재료이기

때문에 공기가 짧아진다는 이점도 있었다. 그는 비엔티안 남동쪽 24km 지점의 넓은 강변을 지목하고 자신을 따르는 숙련된 조각가들을 불러 모았다.

불상공원은 말이 불상공원이지 힌두신화에 나오는 신들도 함께 존재한다. 루앙 분르라 쑤리랏은 종교인이 아니라 예술가였다. 그 점이 중요하다. 예술가의 시각은 매우 분방하다. 한 종교가 라오스를 수호한다는 생각은 종교인이나 범속한 사람들의 고정관념이다. 그는 자신이 알고 있는 다양한 신들을 조각하기 시작했다. 그리고 경직된 모습의 신들이 아니라 자신의 자유로운 영혼을 닮도록 익살스럽게 표현했다.

대표적인 조각이 와불상이다. 우리가 알고 있는 와불상은 대개 곧게 누운 채 명상에 잠긴 부처님의 형상이다. 그런데 불상공원에 있는 와불상은 한 손으로 머리를 괴고 비스듬히 몸을 일으켜 사랑스러운 눈빛과 미소로 속세를 굽어보고 있다. 웃음이 절로 나온다. 참 따뜻한 부처님을 만날 수 있다. 누가 이런 부처님을 만들 수 있단 말인가. 다시 깨달은 사실이지만 루앙 분르라 쑤리랏은 불상조각가가 아닌 예술가였음이 틀림없다.

호박 모양을 한 아수라가 입을 크게 벌린 구조물은 괴기스럽다. 아수라의 입 속으로 들어가면 계단이 나오고 그 계단을 따라 오르면 엎드린 아수라의 등 위에 올라타게 된다. 부처님이 가르쳐 주신 삼계를 표현한 것이다. 욕계, 색계, 무색계. 지옥, 지상, 천상. 천상인 아수라의 등에 오르면 불상공원이 한 눈에 들어온다. 사람들이 단시간에 인간의 전생과 내세에서 경험할 수 있는 삼계를 훑어보게 한 장치다. 예술가가 아니라면 쉽게 만들 수 없는 구조다.

불교 경전에 나오는 다양한 신상과 함께 어울린 힌두 신들의 모습도 아름답다. 힌두에 대한 지식이 있는 이들이라면 불상공원에서 만나는 힌두 신들도 반갑다. 불교국가인 라오스에서 힌두 신상을 자주 만나는 것은 크메르 왕국의 영향이 크다. 한 때 라오스 땅 전역이 크메르 왕국의 영토였던 점을 떠올린다면 수수께끼는 쉽게 풀린다. 캄보디아 최대 유적인 앙코르 유적지에 가면 힌두와 불교가 혼재한다. 라오스의 남부 팍세에서 만나는 왓푸도 힌두사원이다. 전형적인 불교국가이긴 하지만, 아직도 정령신앙이

남아 있고 일부 힌두이즘이 혼재된 양상이 나타나는 것은 라오스 종교의 특징이다. 티베트 불교가 토속 샤머니즘인 뵌교와 혼합된 경우와는 다르겠지만 그런 흔적이 라오스 종교사회에서도 존재한다.

불상공원에서 느끼는 또 하나의 감동은 라오스인들의 시멘트 예술이다. 라오스를 여행하다 보면 무수하게 많은 시멘트 구조물을 만나게 된다. 사원에서도, 시장에서도, 공공기관에서도 시멘트 반죽은 도처에 발견된다. 불상공원은 라오스가 시멘트 예술의 극치를 보여주고 있다는 사실을 확인하게 한다. 얼핏 보면 부식하는 시멘트 위로 피어오르는 거뭇한 이끼에 안타까운 심정이 들겠지만 시멘트를 떡 주무르듯이 만져 놓은 솜씨에 탄복하게 된다. 불상공원도 그렇고 빠뚜싸이도 그렇다.

그러나 안타까운 것은 이 아름답고 기발한 예술작품들이 오래 견디지는 못할 것이라는 예감이다. 세월이 흐르면 시멘트는 녹아내리고 부서질 것이다. 한 때 가난한 나라의 예술가와 애국자들이 만든 시멘트 예술의 흔적이 고스란히 증발해 버릴 것이라는 생각을 하면 조급한 마음이 든다. '라오스의 시계는 느리게 움직였으면 좋겠다.'는 생각은 이런 나의 조바심도 한몫 한다. 라오스의 발전이 더디게 이뤄져 천혜의 원시자연이 그대로 보존되면 좋겠다는 여행자의 욕심과 함께 시멘트 예술이 사라지는 것을 지연시키고 싶다는 생각이 바로 그런 상상을 부추긴다.

Chapter 2

느림의 미학,
루앙프라방

–

한낮 불볕더위를 피해
숙소에서 오수를 즐기거나,
나무 그늘에 앉았거나,
레스토랑에서
갈증을 달래도 좋다.
신성한 도시에서 서두르는 것은
불경스러운 일이다.

신성한
불상의 도시

공주를 호위하는 본진이 도착하기 전 파발이 먼저 닿았다. 크메르의 공주가 곧 도착한다는 전갈이었다. 파응움왕은 크메르 공주가 자신에게 시집을 오게 된 것이 한없이 기뻤다. 그리고 그 무엇보다 공주가 혼수로 가져오는 불상인 프라방도 함께 온다니 더할 나위 없이 설레었다. 왕은 가만히 왕궁에 앉아서 기다리기에 조바심이 돋았다. 자발없이 굴어 신하들에게 체면을 상하게 될지도 모른다는 생각도 했

지만 도저히 더는 참지 못했다. 기어이 서둘러서 신하들을 이끌고 푸시산으로 올라갔다. 멀리 내려다보이는 남쪽 산길에 뽀얀 먼지가 일었다. 공주와 함께 이동하는 본진이 일으키는 흙먼지였다. 왕의 조급증은 극에 달했다. 왕은 산에서 내려와 코끼리 위에 올랐다. 왕과 공주는 도시 초입에서 조우했다. 왕은 공주의 손에 깊은 입맞춤을 선사했다. 그리고 본진의 깊숙한 곳에 모신 프라방 앞으로 다가갔다. 옷깃을 여미고 꿇어앉았다. 호위 장수가 프라방을 왕의 가슴에 안겼다. 왕은 눈물을 흘리며 경배했다. 프라방과 함께 왕궁으로 돌아온 왕은 그동안 '황금의 도시'라는 뜻의 씨엥통이라고 불리던 도시 이름을 '신성한 불상'이라는 뜻의 루앙프라방으로 바꾸라고 명령했다. 프라방은 1563년 비엔티안으로 천도하면서 함께 옮겨졌다가 1779년 시암왕국의 공격을 받아 빼앗겼다. 하지만 1839년 되찾아 와 지금은 국립박물관에 보관하고 있다.

●

루앙프라방은 라오스의 원형질이다. 도시를 가득
메운 사원과 비교적 온전하게 보전된 프랑스식 건물
들, 인근 산에서 내려온 고산족들의 문화가 비빔밥
처럼 융합돼 있다. 가장 라오스다운 도시이며 라오
스를 찾는 대부분의 여행자들이 루앙프라방을 방문
한다. 도시 전체가 고색창연해 중세의 분위기를 연
출하고 있고 골목골목 나타나는 재래시장은 라오스
사람들의 삶의 진국이 진득하게 묻어난다. 한적한
메콩강변을 따라 느리게 걷다보면 무심코 이 도시가
참 로맨틱하다는 생뚱맞은 생각도 든다. 도시 전체
가 주황색, 혹은 갈색으로 물들어 몽환적인 분위기
를 연출한다. 이렇게 아름다운 도시는 지구상에 흔
하지 않다. 유럽의 중세도시들이 주는 화려함이라고
는 눈곱만치도 보이지 않는다. 소박하고 절제된 성
찰의 도시. 루앙프라방은 그렇게 내 마음속에 고요
하게 자리 잡고 있다.

루앙프라방은 메콩강과 칸강이 절묘하게 교차하
는 지점에 자리 잡아 소박하게 발전한 도시다. 라오
스의 대표적인 강인 메콩강은 북에서 남으로 흐르고
그 지류들은 모두 동에서 서로 흘러들어와 메콩강의

품에 안긴다.

누군가 라오스를 여행하는 것은 '아무 것도 하지 않아도 될 자유' 때문이라고 표현한 것을 본 적이 있다. 그 말마따나 루앙프라방에서는 아무 것도 하지 않아도 된다. 그저 한나절이면 모두 돌아볼 수 있는 도시를 쉬엄쉬엄 걷는 일이 전부일 수 있다. 버스는 시내를 달리지 못한다. 그래서 오토바이나 툭툭이, 자전거만 다니기 때문에 걷기에 불편한 곳도 아니다. 또 한편으로 생각하면 신성한 도시 루앙프라방에서 분주하게 나대는 것도 불경스러운 짓이다.

루앙프라방의 소위 메인스트리트는 시사방봉 거리다. 이 거리에는 여행자들을 위한 다양한 숙소와 카페, 레스토랑이 운집해 있다. 하지만 방콕의 카오산로드나 카트만두의 타멜스트리트 같이 복잡하고 혼란스럽지 않다. 한낮의 뙤약볕이 내리쬘 때는 시사방봉 거리도 한산해진다. 이웃도시에서 방금 도착한 여행자들이 숙소를 찾아 헤매는 모습은 보이지만 이미 도착한 여행자들은 어디로 숨었는지 잘 보이지 않는다. 루앙프라방에 도착하면 이 도시를 어떻게 여행해야 하는지 금방 알게 된다. 젊은 여행자들

은 40도를 오르내리는 한낮의 더위를 피해 도시에서 20km 떨어진 꽝시 폭포에 멱을 감으로 떠날 것이고, 어린이를 동반한 가족 단위의 여행자나 더위에 지친 연로한 이들은 숙소의 발코니에 앉아 느긋하게 주스를 마시거나 낮잠에 빠질 것이다.

시사방봉 거리는 해거름에 활기를 되찾는다. 몽족이 벌이는 야시장 때문이다. 당국에서는 오후 5시부터 시사방봉 거리에 바리게이트를 설치하고 일체의 교통수단의 통행을 금지한다. 어둠이 깔리면 켜지는 야시장의 조명에 이끌려 여행자들은 부나방처럼 이곳에 몰려든다. 루앙프라방의 야시장은 인근 방콕이나 하노이의 야시장과 다르다. 지악스러운 상행위가 이뤄지지 않고 규모도 조촐하다. 몽족들은 자신들이 만든 수공예품을 펼쳐놓고 여행자들을 기다리고 여행자들은 그들이 보여주는 물건들을 바라보며 이것저것 해찰을 부리다가 맘에 드는 물건이 손에 잡히면 지갑을 연다. 애써 가지런히 진열해 둔 물건을 이리저리 뒤적거리면서 실컷 구경만 하고 돌아가도 몽족들은 원망하는 기색을 보이지 않는다. 도시 전체의 분위기가 그렇듯 루앙프라방의 몽족 야시장에도

여유와 낭만이 흐른다.

야시장 주변에는 먹을거리도 다양하다. 토스트, 샌드위치, 햄버거, 바게트, 크레페 등 외국인들이 거부감 없이 먹을 수 있는 음식에서부터 라오스 꼬치, 랍, 똠얌 등의 전통음식에 이르기까지 이루 헤아릴 수 없는 종류의 먹을 것들이 등장한다. 먹을거리와 볼거리, 그리고 살거리가 지천에 널린 야시장은 여행자들의 천국 중 하나다. 방콕이나 하노이, 심지어 비엔티안의 독버섯처럼 생겨나는 유흥가가 하나도 없는 신성한 도시 루앙프라방에서 야시장은 여행자들에게 주어진 가장 대중적 즐길 거리다.

•

시사방봉 거리가 끝나갈 무렵, 그러니까 메콩강과 칸강이 합류하는 신성한 장소에 선 사원인 왓씨엥통은 라오스 건축양식의 흰 눈썹이다. 두 강이 만나는 곳에 세웠다는 점도 비범하지만, 그 아름다움에 혀를 내두를만하다. 개인적인 견해를 밝히는 것을 허용해 준다면, 나는 지구상에서 왓씨엥통보다 아름다운 종교건축물을 보지 못했다고 단언하고 싶다. 신성한 불상의 도시 루앙프라방에 반드시 있어야 할 것이 있을 뿐이겠지만 나는 매번 왓씨엥통의 경내에서 넋을 잃고 만다. 인간의 손으로 만든 사원이지만 신의 입김에 의해 재탄생했다는 느낌이 들 정도다.

사원의 본당 지붕은 미끈한 몸매를 가진 여인의 허리곡선 같다. 지붕이 만들어낸 추녀는 화려한 술로 장식하지 않고 단호하고 소박하게 매조짐 했다. 인도차이나 반도의 여타 건축물들이 요란한 장식을 하는 반면에 왓씨엥통은 단순한 마무리지만 곡선 자체로 황홀경을 자아내게 만들었다. 어쩌란 말인가. 짙은 눈썹을 가진 보살의 젖무덤 같기도 하고, 완만하게 웃음 짓는 부처님 상호의 부드러운 턱선 같기도 한 본당의 미학에 얼혼이 나가버린 것을.

본당 안으로 들어가 보자. 내부는 외부에 비해 훨씬 더 화려하다. 본당을 지탱하는 나무기둥은 금박으로 장식된 화려함의 극치다. 황금의 사원이라는 본래의 이름에 걸맞은 기둥이다. 하지만 나무기둥보다 더 무거운 주제는 기둥을 따라 올라가다가 기둥이 받치고 있는 천장에 그려진 다마차카다. 다마

차카란 불교에서 법을 뜻하는 다르마를 굴리는 바퀴를 말한다. 녹야원에서 첫 설법을 하신 부처님의 말씀을 상징하는 사슴과 법륜이 바로 다마차카다. 황금으로 그려진 다마차카는 왓씨엥통의 숨겨진 보물이다. 왓씨엥통에 가면 반드시 본당의 천장을 올려다봐야 한다.

본당의 뒷벽에는 생명의 나무가 모자이크로 조각돼 있다. 각양각색의 보석들을 잘게 부숴 정교하게 짜맞춘 생명의 나무는 천상의 세상에 오르는 나무가 건강하게 자라고 있다. 나무 아래에는 지팡이를 짚은 노인과 가축, 맹금류가 다양하게 묘사돼 있다. 불교에서 말하는 윤회의 논리가 한눈에 파악된다. 이승에서 쌓은 업으로 다음 세상에 태어날 수 있는 다양한 축생들을 제시했고, 급기야 부처님의 세상인 천당에 이르기 위해서 다르마의 길을 걸어야 한다는 점을 강조하고 있다. 생명의 나무 꼭대기에 열매 대신 부처님과 열반성자들이 평화롭게 살아가는 천상의 세계가 묘사된 것으로 본다면 생명의 나무 한 그루가 주는 교훈은 인간 세상

에 던지는 매우 단순하지만 축약된 삶의 방법론이다.

본당 뒤도 심상치 않다. 불상을 안치한 세 개의 작은 법당과 탑들이 세워져 있다. 작은 법당들은 붉은색으로 칠해져 있어 프랑스 역사학자들이 '붉은 불당'이라고 이름 지었다. 와불도 있다. 당시에는 와선하는 부처님의 상을 모시는 것이 흔치 않았지만 이곳에서 과감하게 사용했다. 불상도 볼만하지만 압권은 작은 법당들을 둘러싼 벽화들이다. 라오스 사람들의 일상생활을 재미나게 묘사했다. 본당과 마찬가지로 희한한 보석들로 꾸민 모자이크 벽화는 보는이들의 눈을 호강시킨다. 호강은 시신경을 따라 두뇌를 거쳐 마음의 정화를 일으킨다.

사원의 동문에는 왕실 장례법당인 홍깹미엔이 있다. 머리가 일곱 개 달린 나가로 장식된 12m 짜리 왕실 전용 장례마차가 전시돼 있다. 루앙프라방을 융성하게 만든 란상왕국의 시사방봉왕은 이 마차를 타고 저 세상으로 갔다. 홍깹미엔의 외부 벽은 화려한황금색으로 장식돼 있다. 벽화는 힌두신화인 라마야나를 표현했다. 자세히 들여다보면 에로틱한 장면도나온다. 불교 국가에서는 금기시된 관능적인 미투나

상을 볼 수 있는 유일한 곳이다.

그리고 내부에 전시된 다양한 불상과 탱화도 눈여겨 볼만하다. 특히 한 점의 탱화가 눈에 들어왔다. 부처님이 연꽃 위에 앉아 명상에 드신 모습을 그린 탱화다. 비엔티안 왓시사켓의 자타카 벽화처럼 세밀화가 아니다. 생략할 부분은 과감하게 무시했고 색감도 수더분하다. 이 정도면 현대 회화 시장에 내놔도 큰손들이 야단법석 달라붙을만한 걸작이다. 이런 좋은 작품들을 만날 수 있는 곳도 라오스다. 왓씨엥통. 단연코 지상의 가장 아름답고 숭고한 사원이다.

왓씨엥통은 1559년 세타티랏 왕에 의해 처음 지어졌다. 1975년까지 왕실의 후원을 받아 유지됐으며 19세기 말 중국의 침략에도 파괴되지 않고 원형을 유지하고 있다. 또 붉은 법당 외부 벽화는 1957년 불기 2,500년을 기념하기 위해 조각된 것들이다.

●

시사방봉 거리로 들어서는 입구에는 야트막한 산이 하나 있다. 푸시산이다. 해발 800m의 산이라고

하지만 루앙프라방이 해발 700m에 위치하므로 푸
시산은 100m 정도의 야트막한 동산이다. 푸시는 '신
성한 언덕'이라는 뜻을 가지고 있다. 앙코르와트의
중앙탑처럼 푸시산은 힌두신화에 나오는 메루산을
상징한다. 메루산은 티베트의 카일라쉬산이며 불교
에서는 수미산이라고 일컫는다. 메루산은 힌두, 불
교, 자인교가 발상한 성산이다. 푸시산에 오르면 루
앙프라방이라는 작은 도시 전체와 메콩강, 칸강이
합류하는 모습을 한눈에 굽어볼 수 있다. 또 해질 무
렵에 푸시산에서 바라보는 메콩강의 일몰은 장관이
다.

　푸시산에 오르기 위해서는 328개의 계단을 차곡
차곡 밟아야 한다. 정상에는 1804년에 세워진 촘시
탑이 나타난다. 28m 높이인 촘시탑의 황금빛 이마
는 루앙프라방 어느 곳에서나 바라볼 수 있다. 푸시
산은 지형적 특성은 물론이고 수미산을 상징한다는
측면에서 루앙프라방의 배꼽이라고 해도 지나친 말
이 아니다. 그러므로 라오스 최대 축제인 라오스 신
년행사 삐마이 축제의 출발점이 된다. 삐마이 축제
는 매년 4월 15일 라오스력 신년에 열린다.

•

새해 아침 루앙프라방 사람들은 메콩강을 거슬러 노를 젓는다. 가족과 이웃을 위해 기도를 드리러 신성한 장소를 찾아가는 것이다. 모터보트로 2시간이 걸리는 25km 정도의 거리이므로 옛날에 노를 저었다면 대여섯 시간은 족히 걸리는 곳, 남우강과 만나는 지점에 기묘한 동굴이 하나 나온다. 빡우 동굴이다. 사람들은 가지고 온 불상을 동굴에 안치하고 기도를 드렸다. 소위 기도발이 잘 받는 동굴로 이름이 난 곳이었다. 이렇게 해서 하나 둘 크고 작은 불상들이 모였고 지금은 4,000여 개의 불상들이 있어 매우 특이한 불교유적으로 각광을 받는다.

빡우 동굴은 거대한 화강암 절벽에 가려져 있다. 루앙프라방 인근의 메콩강에서는 상당히 생소한 지형지세다. 사람들은 이 동굴이 수호신의 은거지라고 믿는다. 빡우동굴을 가기 위해 루앙프라방의 메콩강변 선착장에서 배를 빌려 타면 두 시간이 걸린다. 상류로 거슬러 올라가기 때문이다. 하지만 돌아올 때는 강의 흐름을 타기 때문에 절반인 한 시간이면 선착장에 도착한다.

빡우동굴을 가기 위해 배를 탄 세 시간은 메콩강을 경험할 수 있는 가장 좋은 시간이다. 느리게 상류로 거슬러 올라가는 보트에 몸을 싣고 간혹 강물에 손을 담그면 메콩강이 온통 내 몸을 훑고 가는 느낌이다. 강변에 흩어진 작은 집들과 간간히 등장하는 낚시꾼들을 보는 것도 지루함을 덜어준다. 루앙프라방은 라오스의 제 2의 도시다. 그럼에도 불구하고 메콩강을 거스르는 보트에 몸을 실으면 잠시 후 언제 그랬냐는 듯이 도시는 사라진다. 드문드문 궁벽한 강변 마을이 나타나고, 간혹 부자들의 별장이 보일 뿐이다.

•

루앙프라방에는 30여개의 아름다운 사원들이 있다. 모두 둘러보는 것은 무리다. 루앙프라방의 더위가 이를 용납하지 않는다. 신성한 것에 다가가는 것이 쉬울 바에야 성과 속의 구별이 없어지는 것이 아닌가. 그러나 시사방봉 거리에 있는 여러 개의 사원들은 지나가는 걸음에 둘러볼 만하다. 그 가운데 국립박물관도 빼놓을 수 없다. 란상왕국의 영화가 비교적 단아하게 전시된 박물관이다. 이 박물관은 예전에 왕궁이었다. 박물관 안의 유물 중 가장 눈에 띄는 것은 바로 불상 프라방이다. 이 불상은 80%가 황금으로 만들어졌으며 83cm의 높이에 무게는 50kg에 이른다. 워낙 소중한 보물이기 때문에 진품은 수장고에 보관되고 전시된 것은 복제품이다.

어머니의 강
메남콩

해발 4,300m의 성숙해에 별들이 몰려왔다. 중국 칭하이성 취마라이현 마둬향 마융초원 북쪽 20km 지점에 분지 형태를 띤 습지가 성숙해다. 중국말로는 싱슈하이다. 습지에는 작은 물웅덩이가 널려 있다. 별들은 삼삼오오 짝을 지어 물웅덩이에 고인다. 그리고 깊은 잠에 빠진다. 성숙해는 바로 별들이 잠드는 바다라는 뜻이다. 별들이 잠들면 검은목두루미가 다가와 고요하게 별들의 잠을 지킨다. 그리고 티베트 영양, 야생 당나귀, 황양 등도 별들과 함께 잠든다. 성숙해가 바로 4,020km의 길고 먼 길을 떠나는 메콩강의 발원지다.

청하이성에서 발원한 메콩강은 쓰촨성 창두에 이르러 란창강이라는 첫 이름을 얻는다. 란창강은 윈난성으로 흐르다가 라오스의 국경에 도달한다. 라오스에 이르러 강은 메남콩이라는 다른 이름을 얻는다. 메남콩은 '어머니의 강 콩'이라는 뜻이다. 다시 남으로 흘러 캄보디아의 남쪽에 이르러서는 4개의 지류와 합쳐져 '4개의 팔'이라는 이름을 얻게 되며, 베트남 남부 메콩델타에 이르러서는 9개의 삼각주로 나뉘어져 '구룡강'이라는 이름을 얻는다. 같은 강이지만 나라에 따라 명칭이 다른 것이 바로 메콩강이다.

•

메콩강은 윈난성과 인도차이나 반도를 적시면서 풍부한 무논을 형성한다. 그래서 예로부터 쌀 문화의 본고장이 윈난성이고, 최대의 곡창지대가 메콩

델타다. 윈난고원의 비옥한 흙탕물을 고스란히 실어 나르는 메콩강은 탁류다. 라오스의 벼농사와 수렵 생활에 필수불가결한 영향을 미쳤으며 캄보디아의 프놈펜 북쪽에서는 늘어나는 수량을 감당하지 못하고 역류해 인도차이나 최대의 담수호인 톤레삽 호수를 만들었다. 톤레삽 호수의 풍부한 수자원과 비옥한 농토로 앙코르 왕조가 발전했으며 세계 최고의 석조유적을 창조하는데 기여했다. 그리고 베트남의 메콩델타에 이르러 거대한 삼각주를 형성하고 베트남 경제의 심장이 되었다.

어머니의 강 메남콩은 라오스 사람들에게 가장 큰 혜택이다. 메콩강의 35%가 라오스를 통과한다. 바다가 없는 내륙국가 라오스 사람들이 섭취할 수 있는 상당부분의 단백질을 메콩강의 물고기가 벌충해준다. 그리고 범람하는 이토가 이뤄낸 농토는 삼모작을 가능하게 만들어 최소한 기아에 허덕이게 하지는 않았다. 그리고 풍부한 수자원은 새로운 산업의 동력이 되고 있다. 1971년 비엔티안 인근 남능댐의 건설은 라오스 산업의 일대 전환기를 맞이한다. 155MW의 전력을 생산해 인근 태국에 전량 수출함으로써 라오스도 산업기술을 기반으로 수출을 하는 첫 번째 계기를 마련한다. 이 모든 것이 바로 메콩강이 준 선물이다.

라오스의 메콩강을 이용한 수력발전은 우리나라 기업의 투자 관심 분야 중 하나다. 우리나라 기업이 추산한 메콩강과 그 지류의 발전량은 최대 28,000MW로 추산한다. 현재 생산되고 있는 라오스의 전기는 90% 가까이 태국과 베트남으로 수출된다. 2012년 기준으로 라오스가 이들 인접 국가에 수출한 전기로 벌어들인 외화는 약 5억 달러 정도다. 이는 전체 수출액의 15%에 이른다.

메콩강을 이용한 어업은 아직 미개한 수준을 벗어나지 못하고 있다. 원시적 어로행위를 통해 얻어지는 어획량은, 그러나 라오스 사람들이 충분히 섭취할 수 있는 영양분을 제공한다. 그만큼 메콩강의 어종은 풍부하며 그물만 던져도 싱싱한 물고기가 걸려 올라온다. 남부 시판돈 부근의 메콩강은 낙차 큰 급류로 콘파펭 폭포를 만들어 장관을 이룬다. 이 급류에서도 전통방식의 어로행위를 하는 라오스 어부들의 모습을 텔레비전을 통해 본 적이 있다. 목숨을 담보로 한 위험한 산업 활동이다. 메콩강이 던져준 또 하나의 선물은 바로 풍부한 물고기이며 이를 건져

올리는 것은 메콩강 유역 라오스인들의 숙명인 것이다.

•

메콩강의 유장한 흐름에 몸을 맡기고 인도차이나 반도의 대동맥을 체험하는데 가장 편안한 방법은 보트를 타는 일이다. 여행자들 중 루앙프라방에서 비자 기한이 촉박해지면 슬로우 보트를 타거나 스피드 보트를 타고 북부 훼이싸이 국경을 넘어 태국 치앙콩으로 가는 방법을 택하는 사람들이 있다. 바로 모든 라오스의 여행을 마친 후 메콩강의 정취를 마지막으로 느껴보고 싶다는 이유 때문이다.

루앙프라방 선착장을 출발하는 슬로우 보트는 이른 아침 출발한다. 약 20여명의 승객을 태운 슬로우 보트는 1박 2일 동안 메콩강을 거슬러 올라간다. 종일 강을 따라 지루한 속도로 북진하지만 승객들 누구 하나 조급증을 내는 사람이 없다. 이미 루앙프라방에서 느림의 미학을 체득한 후이기 때문이다. 하루 종일 메콩강을 달리는 보트 안에서는 먹을 것도 마실 것도 스스로 준비해야 한다. 좁은 보트에서 구할 수 있는 것은 느리게 흐르는 시간뿐이다. 심지어 용변이 급하면 보트 뒤 가림막으로 설치한 간이 화장실에서 간단하게 해결해야 한다. 여행자가 배설한 오물은 메콩강 중류에서 무단 방기되고 물고기의 밥이 되기도 한다.

종일 달리다가 해가 질 무렵 슬로우 보트는 팍벵이라는 마을에 다다른다. 여행자들은 주섬주섬 보따리를 챙기고 일어나 강변에 몰려 있는 숙소를 찾아 나선다. 어둠에 젖은 팍벵 마을은 슬로우 보트로 오가는 여행자들에게 잘 곳과 먹을거리를 제공하면서 밥벌이를 한다. 팍벵 사람들에게 메콩강은 또 하나의 밥벌이를 제공하는 것이다. 팍벵은 워낙 조그마한 마을이어서 쉽게 정전이 된다. 종일 보트에서 졸다가 깨다가를 반복한 여행자들은 칠흑 어둠에 잠긴 팍벵에서 아무런 짓도 하지 못한 채 방치된다. 그 때 여행자들이 할 수 있는 일 중에는 종일 달려온 메콩강변의 정경을 되새김질 하는 일이 가장 쉽다. 바로 눈앞에서 펼쳐진 최근의 사건을 기억하는 것이다.

새벽녘 숙소의 주인은 승선을 재촉한다. 시늉만 낸

조식을 얼른 해치우고, 또 하루를 보낼 양식과 물을 준비한 여행자들은 부리나케 선착장으로 향하다가 덜커덕 발길을 멈춘다. 메콩강을 가득 감싼 물안개 때문이다. 상세 지도에나 겨우 표시된 메콩강 중류의 조그마한 시골마을 선착장에서 바라본 메콩강의 안개는 그 어떤 비경과 견주어도 손색이 없다. 그리고 보트 위에 올라 안개가 서서히 걷혀가는 모습을 지켜보는 일도 경이롭다. 마치 내륙국가 라오스가 서서히 발전하는 모습을 형상화한 예술적 영상 한 장면을 보는 듯하다.

메콩강은 라오스의 젖줄임과 동시에 미래다. 메콩강은 라오스 사람들의 섭생을 해결해 줬으며 미래 산업 성장의 동력으로 당당하게 흐르고 있다. 칭하이성 성숙해에서 잠자던 별들은 제각각의 에너지를 뿌려 인도차이나 반도의 척박한 땅을 적시게 했고, 라오스의 역사를 면면히 이어오게 했을 뿐만 아니라 희망찬 미래를 밝혀주기도 하는 것이다.

탁발승의
새벽노래

본당의 구리종이 울었다. 추적추적 내리던 비가 그
쳤다. 쏭캄은 자리에서 일어나 몸을 씻었다. 서늘한
바람이 불기 시작한 후 새벽 재계는 아직도 익숙하
지 않다는 생각을 했다. 속가에 살 때는 해가 뜨고 난
뒤 이부자리를 걷어도 누가 나무랄 사람이 없었다.
어머니의 지청구가 몇 마디 건너올 뿐 서릿발 같은
노스님의 야단과는 비교가 되지 않았다. 몸을 닦고
자리로 돌아와 보니 도반들은 이미 새벽예불을 위한

매무새를 갖추고 있었다. 쏭캄은 얼른 가사를 두르고 도반들의 뒤를 따라 법당으로 향했다.

부처님 앞에 놓인 꽃과 향불이 쏭캄의 마음을 흔들었다. 이태 전 머리를 깎고 수행자의 길로 들어선 것이 까마득한 옛일로 여겨졌지만 승가의 생활은 여전히 미숙하고 어머니의 품이 그립다. 가난하지만 가족들과 함께 지내던 때가 더 행복했을지도 모른다고 생각했다. 더 높은 학교에 갈 수 없고 아버지의 고단한 노역으로도 부양에 버거울 판이라면 차라리 공부를 계속할 수 있고 입을 덜 수 있는 승가에 몸을 의탁하는 길이 옳다고 판단했었다. 하지만 동생들과 산길을 오르내리며 옥수나 토마토, 카사바, 죽순을 따거나 캐내 주린 배를 채우던 시절이 갈수록 그리워진다. 내년 봄 하안거가 시작되기 전에 수계의식을 치르면 이제 영원히 그리운 속가와의 인연을 씻어내야 한다. 한 달에 한 번씩 찾아오는 어머니와 동생들을 만나는 일도 그 때가 되면 뜸해질 것이다. 하지만 자신의 운명은 이미 부처님에게 의탁한 것이었다. 되돌이킬 수 없다면 받아들여야 한다는 것이 어린 쏭캄의 판단이었다. 향연처럼 흔들리는 마음을

다잡기 위해 쏭캄은 염불에 더욱 집중하려 했다. 아
미타불, 아미타불……

예불이 끝나고 길을 나설 채비를 했다. 가사를 다
시 가다듬고 발우를 들었다. 쏭캄에게는 세상과 소
통하는 가장 쉬운 길이었다. 줄을 지어 탁발에 나서
면 고운 마음을 가진 세상 사람들을 만날 수 있다.
잠시 얽히는 눈길이지만 그들은 어린 승려에게 존경
심을 표시한다. 그것은 부처님을 향한 경배의 또 다
른 표현이겠지만 그들이 건네는 밥과 과일, 과자는
쏭캄과 도반들이 하룻 동안의 생명을 잇고 더욱 깊
이 불경공부에 매진해 달라는 요청인 셈이었다. 노
스님이 앞장서고 쏭캄은 일행의 중간쯤에 끼어 경건
한 마음으로 걸었다. 길을 걷는 맨발에 아직 군은살
이 앉지 않았다.

황금색 사원의 흰 담장 즈음에서 한없이 부드러워
보이는 보살이 눈에 들어왔다. 어머니의 모습이 겹
쳤다. 입성이 점잖고 귀해서 어머니의 허술한 적삼
과는 달랐지만 입매와 눈꼬리가 천상 어머니와 같았
다. 쏭캄은 하마터면 발우를 놓치고 그 보살의 품에
안길 뻔했다. 석 달째 어머니에게서 연락이 없다. 해

소기침이 심하던 아버지에게 무슨 변고가 생긴 것이
나 아닐지 걱정을 하고 있던 참이었다. 보살 앞을 지
나자 그 보살은 공손하게 합장하고 보시 그릇에 손
을 가져갔다. 그러더니 문득 쏭캄을 한참 바라봤다.
그리고 보시 그릇을 번쩍 들어 그릇에 담긴 음식들
을 모두 쏭캄의 발우에 쏟아 부었다. 찰나였다. 쏭캄
은 보살을 뒤로 하고 묵묵히 앞으로 걸었다. 가슴속
깊이 보살의 인자한 얼굴이 어른거렸다.

길모퉁이를 돌아 보살이 앉았을 사원이 보이지 않
을 곳까지 왔다. 뒤돌아보지 않았지만 이미 보살은
빈 보시그릇을 앞에 두고 뒤이어지는 행렬에 공손한
합장경배를 드릴 것이었다. 쏭캄의 머릿속에는 내내
보살의 자태가 맴돌았다. 어찌된 일일까? 어쩌자고
어머니는 기별을 끊었을까. 어쩌자고 사무치게 그리
운 어머니는 새벽녘 탁발 행렬에 묻힌 모습으로 화
현하신 걸까. 쏭캄은 마음이 어지러웠다. 시장을 지
나 큰길이 나타났다. 쏭캄의 발우는 보살의 보시로
가득 찼다. 황금빛 금잔화 다발이 놓인 길거리에서
쏭캄은 다시 놀란 가슴을 쓸어내려야 했다. 보시행
렬이 끝나갈 즈음 큰 대나무 소쿠리를 앞에 두고 쏭

캄을 바라보는 아이의 모습이 보였다.

께오였다. 쏭캄이 꼬챙이로 물렁한 땅을 헤치고 카사바를 캐내면 나무껍질을 벗기고 속살을 후벼 파던 일이 즐겁다고 했던 철없는 동생의 모습이었다. 구멍이 쏭쏭 뚫린 셔츠에 가녀린 종아리가 덜렁 드러나는 반바지 차림의 아이는, 분명 께오였다. 이갈이를 하던 참이어서 아랫니 서너 개가 빠져 웃을 때마다 바보처럼 보이던 아이였다. 오늘 아침 왜 이러는 걸까. 쏭캄은 나지막히 경을 외었다. 흔들리지 말자, 약해지지 말자. 아이 앞을 지나면서 아이 앞에 놓인 소쿠리를 보았다. 바닥이 들여다보였다. 쏭캄은 자신의 발우를 뒤집었다. 아이와 눈이 마주쳤다. 윗니 서너 개가 달아나고 없었다. 단풍잎 같은 손을 들어 합장을 하는 아이를 뒤로 하고 쏭캄은 멀리 보이는 사원으로 돌아가고 있었다.

●

짜이 부인은 여느 때처럼 새벽 네 시에 눈을 떴다. 정갈하게 소세를 마친 뒤 부엌으로 갔다. 대나무 그

룻에 찹쌀을 담고 끓는 물 위 채반에 올이 고운 무명을 얹은 뒤 찹쌀 밥통을 올렸다. 저녁 시장에서 사온 과일들을 흐르는 물에 씻으면서 짜이 부인은 고요한 목소리로 경을 외었다. 큰 아들 참파는 목소리가 굵어지기도 전 이유 없이 시름시름 앓다가 세상을 떠났다. 그 후 짜이 부인은 하루도 거르지 않고 새벽 탁발 시주에 나섰다. 남편은 부인의 새벽 공덕을 따뜻하게 후원했다. 부인이 부스럭거리며 침상을 털고 일어나면 헛기침을 보태 잘 다녀오라는 인사를 건넸다. 김이 무럭무럭 나는 밥과 과일, 고소한 맛이 나는 과자를 시주 그릇에 담고 자줏빛 비단 보자기로 다소곳이 덮었다.

짜이 부인이 늘 가서 앉는 자리는 정해졌다. 집 앞의 거리에 나서면 손쉬울 일이지만 집에서 30분을 걸어 닿는 사원까지 비가 오나 바람이 부나 어김없이 그 사원을 찾았다. 부인은 그 사원의 관세음보살에게 기원을 하고 난 뒤 참파를 얻었다. 시주 무리들 중 짜이 부인은 항상 제일 먼저 자리를 잡고 앉는다. 동녘에 햇귀가 밝아올 때까지 사원의 새벽예불을 등 뒤로 느낀다. 그리고 꿇은 자리에서 정좌한 뒤 탁발

행렬을 기다린다.

오늘은 자꾸 가슴이 벅차오르는 기운을 느꼈다. 참파의 모습이 눈에 밟혔다. 녀석의 웃음은 누구보다 해맑았다. 학교에서 배운 서툰 영어로 외국인 여행자를 만나면 얼른 다가가 말을 걸고, 형이나 누나 또래의 서양 여행자를 집으로 초대해 놀라게 했던 아이였다. 정성껏 음식을 준비해 채반에 담아 나오면 여행자들보다 녀석이 더 즐거워했다. 참파는 모든 일에 한 번도 싫다고 도리질을 친 적이 없었다. 아버지가 술에 취해 들어오면 신발을 벗기고 물수건으로 몸을 닦아 주던 아이였다. 그런 참파가 자꾸 눈에 밟힌다.

멀리 탁발행렬이 보이기 시작했다. 오렌지색 가사를 보면 부인의 마음이 편안해진다. 담벼락을 끼고 이어진 시주 행렬은 부인을 향해 다가오고 있었다. 부인은 다시 몸을 가다듬는다. 그러나 오늘 짜이 부인은 왠지 두근거리는 마음을 진정할 길이 없었다. 전에 없던 일이었다. 노스님이 부인 앞을 지나치며 발우를 내밀었지만 한 톨도 시주를 하지 못했다. 마음 한 켠에서 뜨거운 바람이 일었다. 우두커니 탁발

행렬을 바라봤다. 참파를 그리워하는 일이 도대체 언제까지 이어질 것인가. 매일 동참하는 시주행렬은 참파의 혼령을 위로하고, 스스로 공덕을 지어 나머지 가족의 평온을 기리려는 뜻인데 왜 마음이 이토록 나부끼는 것일까.

정신이 돌아왔다. 더는 안 된다는 생각에 마음을 다잡았다. 떠난 아이를 마음에서 보내는 것은 참파도 원할지 모르는 일이었다. 그 때 어젯밤 머리를 새로 밀었을 것이 분명하게 파란 자국이 남은 어린 승려가 다가왔다. 참파가 살아 있다면 저 또래는 되었을 텐데. 승려의 얼굴은 몹시 우울해 보였다. 뭔가 근심이 있거나 외로움을 타는 듯했다. 짜이 부인의 마음에 뜨거운 것이 울컥했다. 자신도 모르게 시주 그릇에 담긴 밥과 과일을 그 승려의 발우에 모두 쏟아 부었다. 승려가 자신을 꿰뚫듯이 쳐다보는 눈빛을 느꼈다. 그리고 물 흐르듯 지나가는 행렬에서 우뚝 멈추는 발길을 감지했다. 승려의 발을 보았다. 짙은 갈색 발등에 서너 군데 모기에 물린 자국이 보였다. 참파가 떠나던 날 애타게 쓰다듬었던 발이 생각났다. 자신도 모르게 두 눈에 눈물이 쏟아졌다.

·

쩐의 옆집에 사는 친구 끼가 아프다. 끼는 매일같이 새벽에 산을 내려가 탁발 승려에게 음식을 얻어오던 아이였다. 끼는 며칠 전 산에 옥수수를 따러갔다가 발목을 다쳤다. 금방 나을 줄 알았던 발목이 자꾸 퉁퉁 부어올라 움직이지 못할 정도가 되었다. 끼의 어머니는 오늘쯤에 끼를 업고 병원에 데려갈 참이라고 말했다. 끼가 음식을 얻어오지 못하면서 동네 아이들은 하루 한 끼 먹기가 힘들어졌다. 누군가가 해야 할 일이라면 쩐이 하기로 했다. 끼보다 체구가 약하지만 그나마 새벽 산길을 내려가는 일을 해낼 아이는 쩐 밖에 없었다.

전날 끼는 쩐에게 음식을 얻기에 가장 좋은 위치와 방법을 상세하게 알려줬다. 탁발 행렬이 거의 끝나갈 무렵, 아침시장을 끼고 난 큰길에 서면 가장 많은 음식을 얻을 수 있다고 일러줬다. 스님들의 탁발이 마무리될 쯤 서는 것은 그 사이 스님들의 탁발을 방해하지 않는 의미도 있고 사원으로 돌아가기 전 하루치 음식만 남긴 후 다시 베푸는 스님들이 많다는

논리였다. 끼는 쩐에게 절대로 탁발행렬이나 시주행
렬을 방해하지 말고 동네에서 까불 듯이 소란을 피
워서도 안 된다고 신신당부했다.

산에서 내려오는 일이 거의 없던 쩐은 끼가 알려준
거리를 쉽게 찾을 수 없었다. 날이 밝기도 전 어둑한
길을 더듬으며 시장부근에까지 다달았을 때 이미 탁
발은 끝나가고 있었다. 얼른 시주행렬의 맨 마지막
자리에 앉았다. 빈 소쿠리를 앞에 두고 보니 염치가
없었다. 끼가 맡긴 동냥그릇은 터무니없이 컸다. 스
님들이 자신들의 탁발 음식을 불쌍하고 가난한 아이
들에게 나누어 준다고 해도 스님들의 발우보다 다섯
배나 큰 소쿠리를 내민다는 것은 쩐에게 부담스러운
일이었다. 쩐은 갈등했다. 다시 소쿠리를 집어 들고
골목길로 숨어들었다.

골목에 숨어서 숨을 고르던 쩐은 자신을 기다리는
친구들을 생각했다. 그리고 동생 셋은 아침에 옥수
수 가루를 볶아 공복을 메울 것이 분명했다. 쩐은 다
시 용기를 냈다. 아까 그 자리에 나앉았다. 스님들의
탁발 행렬이 다행하게도 아직 끝나지 않았다. 옆에
앉은 아이의 소쿠리는 이미 가득 차 있었다. 쩐은 마

음이 다급해졌다. 빈 소쿠리를 들고 돌아가면 끼가 놀릴 것이 눈에 훤했다. 아이들은 동구 밖에 나와 쩐의 소쿠리를 기다릴 것이었다. 그 때 한 스님이 쩐 앞에 섰다. 눈이 마주쳤다. 쩐은 윗니가 빠진 입을 열어 살짝 웃음을 전했다. 미안한 마음의 표현이었다. 스님은 발우를 들어 오늘 아침 탁발한 음식을 쩐의 소쿠리에 모두 쏟아 부었다. 쩐은 두 손을 들어 합장으로 스님에게 고마움을 표현했다. 스님은 행렬에 묻혔다. 스님의 발걸음이 둔탁하게 느껴졌다.

쩐은 소쿠리를 들어보았다. 끼가 들고 돌아온 소쿠리보다는 가벼웠지만 이만하면 충분하다고 느꼈다. 욕심을 내면 또 다른 욕심이 생긴다. 욕심은 불행을 불러온다고 어른들이 말했다. 끼가 발목을 다친 것도 욕심 때문이었다. 옥수수를 따고 내려오던 산길에서 토끼 한 마리를 발견하고, 그 토끼를 쫓아가다가 발목을 접질렀다. 이만하면 동네 아이들과 한 끼를 나눠먹을 수 있다는 생각이 들었다. 쩐은 탁발행렬이 다 끝나기도 전에 자리에서 일어났다. 마을이 있는 산머리에 햇살이 걸쳐지기 시작했다.

•

출가한 수행자들이 지켜야 할 덕목 가운데 두타행이라는 것이 있다. '두타'라는 말은 산스크리트어로 '버리다, 떨쳐버리다, 씻다, 닦다' 등의 뜻을 갖는다. 수행자들이 출가 이전에 세속과 맺었던 일체의 인연을 잘라내는 고행을 두타행이라고 하는 것이다. 이두타행 중에 '언제나 걸식해 신도나 국왕 등의 공양을 따로 받지 않는다', '걸식할 때는 마을의 일곱 집을 차례로 찾아가서 빈부를 따지지 않고 걸식하며, 일곱 집에서 밥을 얻지 못하면 그날은 먹지 않는다', '하루에 한 차례를 한자리에서 먹고 거듭 먹지 않는다', '항상 배고프지 않을 정도로만 먹고 발우 안에든 음식만으로 만족한다'는 조항이 있다.

승려들의 탁발은 바로 이 두타행 중 걸식과 같은 뜻으로 행해진다. 탁발의 '발'은 수행자들의 음식을 담는 그릇인 발우를 가리키는 말이므로 탁발이란 걸식으로 얻은 음식을 담은 발우에 목숨을 의탁한다는의미를 가진다. 수행자들이 탁발을 하는 것은 어떤생산 활동이나 상업 활동을 할 수 없다는 규율에 의해 선택된 생존의 방식이다. 그러므로 탁발은 수행자들 스스로 수행을 가로막는 일체의 세속적 행위와 선을 긋는 방법이고, 자신의 마음속에 잔존한 인연을 씻어내는 행위다. 또 수행자들의 탁발에 보시를 하는 속인들은 선업을 쌓는 계기가 된다. 절묘하게 아퀴가 맞는 성과 속의 메커니즘이다.

라오스의 아침은 스님들의 탁발행렬로 시작된다. 동이 틀 무렵 스님들은 발우를 메고 길거리로 나선다. 라오스 말로는 딱밧이라고 하는 탁발은 인도차이나 불교국가들 어디에서나 흔히 볼 수 있지만 루앙프라방의 탁발행렬이 가장 대규모다. 스님들이 길거리로 나서기 전부터 길거리에 밥과 과자, 과일 등속이 든 소쿠리를 앞에 두고 앉아 기다리는 현지인들과 이를 목격하기 위해 새벽잠을 줄이고 현장으로 달려간 여행자들이 북새통을 이룬다. 특히 왓씨엥통 사원에서부터 야시장이 서는 시사방봉 거리는 탁발을 제대로 느낄 수 있는 핵심 거점이다.

라오스 스님들의 탁발행위는 두타행의 원칙과 약간은 차이가 있다. 하지만 그들은 탁발로 얻은 음식만 먹는 규율을 엄격하게 지킨다. 최근에는 탁발행

렬에 동참해 시주를 경험하고자 하는 여행자들이 늘어나고, 이를 상대로 시주 세트를 판매하는 상인들도 등장했다. 루앙프라방의 탁발은 수행자들의 경건한 규율에서 출발했지만 이제는 하나의 관광 상품으로 변용을 하는 중이다. 그러므로 여행자들이 직접 탁발을 경험하고자 하는 경우에는 자기 자신을 자세히 한 번 둘러봐야 한다. 과연 탁발의 진정한 의미를 체득하고 있느냐는 것을 먼저 점검해야 한다. 탁발이 여행자들에게 단순히 볼거리로 전락해 버린다면 라오스의 중요한 정신문화유산 하나가 세속화 되는 결과를 맞게 될 것이기 때문이다.

탁발행렬에서 여행자들이 놓치기 쉬운 대목이 있다. 바로 시주하는 현지인들 속에 커다란 빈 소쿠리를 내놓고 기다리는 남루한 행색의 어린이들이다. 이들은 시주를 하려는 것이 아니라 스님들이 탁발로 얻은 음식을 다시 얻어가기 위해 거리로 나선 것이다. 스님들은 자신의 발우에서 음식을 떼어내 아이들의 빈 소쿠리에 담아준다. 자신들의 일용할 양식을 불우한 중생들에게 되돌려 주는 행위다. 스님의 탁발 음식을 나눠 얻은 아이들은 자신들이 사는 집

으로 돌아가 주변의 굶주리는 이웃 어린이들과 다시
나눈다. 이 얼마나 아름다운 풍경인가. 욕심에 가득
찬 우리에게 라오스의 탁발행렬은 엄청난 교훈을 시
사한다. 라오스에서 구걸을 하는 거지를 볼 수 없는
것은 무슨 까닭인지 이즈음에서 한 번 생각해 볼 일
이다.

Chapter 3

지상의 마지막
유토피아
방비엥

–

나비처럼 나풀거리며 왔다.
깨고 싶지 않은
나비의 꿈을 꾸고 있다.

지옥에서 보낸
한 철

안남산맥 아래로 드넓게 펼쳐지던 평야가 갑자기 용트림을 했다. 지신이 몇 번 쿨럭쿨럭 기침을 하자 평야의 굵은 힘줄이 불쑥불쑥 솟아올랐다. 지루하게 편편하던 땅이 기묘하게 뒤틀렸다. 높이 솟구친 산 아래 골짜기가 생기고 그 골짜기로 흐르는 물은 모여 커다란 호수를 이뤘다. 지신은 자신이 흩트려 놓은 땅을 굽어보다가 뒤통수를 긁적였다. 그리고 가던 길을 갔다.

비엔티안에서 북쪽으로 두 시간 정도 달리면 고갯 길을 만난다. 라오스 남부 캄보디아 국경에서부터 줄곧 이어지던 평지가 이제 순탄하지 않은 산길로 이어진다는 것을 예고한다. 이 고개를 넘으면 방비 엥이다. 단순한 고갯길 같지만 모두 넘으려면 최소 한 한 시간이 넘게 걸린다. 계속해서 오르막을 오르 다가 정상쯤에 왔다 싶으면 눈앞에 마치 중국의 꾸 이린에 온 착각을 불러 일으킬만한 카르스트 지형이 나타난다. 열대우림지역에서 만나는 카르스트 지형 은 중국의 산수화보다 더 신선한 충격을 준다. 손을 뻗으면 쉽게 닿을 듯한 곳에 아름다운 산이 도사리 지만 그 산은 쉽게 접근을 허락하지 않는다. 다시 내 리막으로 꼬불꼬불 한참을 달려야 산에 안긴 시골마 을 방비엥에 도착한다.

방비엥은 비엔티안과 가까운 시골마을이었다. 가 깝다고 해봐야 차로 서너 시간 걸리지만 아무튼 불 과 십여 년 전만 해도 방비엥은 그저 평범한 깡촌에 불과했다. 그러나 지금은 전 세계 배낭여행자들이 가장 선호하는 도시가 됐다. 현지 인구는 불과 1천여 명에 불과하지만 그곳을 찾는 여행자들은 매일 수천

명에 이른다. 물보다 고기가 많은 격이다.

방비엥 마을 앞에 쏭강이 흐른다. 메콩강의 지류인 쏭강은 폭이 넓지 않고 수심마저 깊지 않은 전형적인 시골 마을의 강이다. 강을 끼고 형성된 몇몇 동굴의 크기도 그리 크지 않다. 하지만 내부의 종류석이 워낙 변화무쌍해 그 나름대로의 매력을 지니고 있다.

방비엥의 자랑은 무엇보다 쏭강 너머 우뚝 선 파동산이다. 파동산은 꾸이린에서 보는 기봉들과 차이가 있다. 꾸이린의 산들은 선이 곱고 아기자기해 여성스러운 멋이 흐르는 반면 파동산은 보디빌더가 팔뚝을 잔뜩 구부린 듯 힘차게 솟아 있어 장쾌한 남성미가 느껴진다. 이 파동산의 배경이 되어주는 연봉들은 우리나라 산악지대에서 흔히 볼 수 있는 예쁜 산들인데 높이가 거의 비슷해 파동산의 병풍처럼 느껴진다. 파동산은 일본의 만화 '드래곤 볼'의 배경이 되기도 했다. 적당한 수량의 쏭강이 흐르고, 군데군데 동굴이 있고, 산과 산 사이에 평화로운 들판이 있어 방비엥은 그 자체로 여유롭고 넉넉한 인간의 삶터였다.

　그러다가 라오스에 여행자들이 몰려들기 시작하면서 방비엥은 엄청난 스포트라이트를 받게 됐다. 물론 이와 비슷한 여행지는 인도차이나 반도에 여러 곳 있다. 그럼에도 불구하고 방비엥이 각광을 받은 것은 여러 가지 이유가 있다. 가장 먼저 그동안 개방되지 않았던 라오스의 숨겨진 속살을 벗겨내자 신기하게 다양한 자연환경과 문화유산이 드러났고, 세계의 여행자들은 라오스의 신비로움에 매료되기 시작한 것이다.

　라오스는 여타의 인도차이나 반도의 다른 국가들과 비슷한 모습을 가진 것 같지만, 지형학적으로 고립된 국가이므로 자세히 살피지 않더라도 이질적이고 독립적인 문화를 품고 있다. 인종도 다르다. 태국이나 베트남, 미얀마의 사람들과 다르게 모색이 둥글고 부드럽다. 그들이 일궈놓은 문화나 그들이 안겨 사는 자연환경도 사람의 모습처럼 유순하고 말랑하다. 그러니 사람들은 라오스에 열광한다. 편하고 행복하기 때문이다.

방비엥에 사람들이 몰리기 시작한 이유는 경제적 측면으로 따져 봐도 수긍이 간다. 정말 싼 숙소와 마음대로 골라먹을 수 있는 다국적 음식들이 몰려 있기 때문이다. 대도시에서는 상상할 수 없는 가격의 숙소가 깨끗하고 친절하다면 며칠을 눌러앉을 첫째 이유가 된다. 걸어서도 서너 시간이면 다 돌아볼 수 있고 자전거를 타면 한 시간에 끝나버리는 작은 마을이라는 점도 여행자들에게 안식의 감동을 선사한다. 길거리에서 사먹는 음식은 특별히 고급스럽지 않지만 누구의 입맛에도 거슬리지 않고, 음료수 한 잔 가격에 배를 불릴 수 있다면 호주머니가 얇아지

는 걱정도 잠시 접어둘 수 있다.

무엇보다 방비엥에서는 자연을 활용한 다양한 신체활동을 할 수 있다는 점이 젊은 여행자들이 열광하는 가장 큰 이유다. 쏭강에 튜브를 띄우고 그 튜브 위에 앉아 한나절을 하류로 내려오는 여유와 카약을 타고 노를 젓다가 깊지 않은 쏭강에 빠져보는 재미도 쏠쏠하다. 자전거를 타고 느리게 달리는 것이 싫어지면 오토바이를 빌려서 방비엥을 떠나 깊은 산속에 살아가는 고산족 마을을 방문하는 재미도 있고, 그것도 싫다면 버기카를 렌트해서 울퉁불퉁한 자갈길을 거칠게 달리는 쾌감을 즐길 수 있다.

또 있다. 적지 않은 현지인들이 마을에 살고 있지
만 그들은 대부분 여행자들을 상대로 밥벌이를 하는
상인들이므로 현지인들과의 문화 충돌을 염려하지
않아도 된다. 여행자들이 집중적으로 모이는 구역은
그들만의 독립된 공간이며 특별한 규율이나 정해놓
은 원칙이 존재하지 않는다. 여행자들을 상대로 하
는 현지인들도 그 정도는 안다. 그러므로 여행자들
은 방비엥에서 자유를 만끽할 수 있다. 사회적 제약
과 삶의 강박관념에 묶였던 여행자들은 방비엥에서
해방을 경험하고 하늘을 향해 제각각의 삿대질을 할
자유를 부여받는다.

방비엥을 일컬어 '배낭여행자들의 천국'이라고 부
른다. 맞다. 천국이다. 누구의 눈치를 살피지 않아도
되는 곳이 현대인들의 천국이 아니고 무엇이란 말인
가. 하지만 이 천국도 타락한 적이 있다. 21세기 초까
지만 하더라도 천혜의 자연과 구수한 인심으로 평화
와 안식의 상징으로 여겨졌던 방비엥이 한순간 몰락
했다. 바로 자유를 넘은 타락이 있었기 때문이다. 서
양 여행자들은 쏭강변 방갈로의 평상에서 위스키에
마약을 섞어 마시고 광란의 파티를 즐겼다. 길거리

로 뛰쳐나와 고성방가를 저지르고 밤새 좁은 마을길을 돌면서 발광을 했다. 더러는 싸움이 일어나 피흘리며 쓰러지는 축들도 생겼고, 남녀가 뒤엉켜 혼음을 일삼는 일도 버젓이 일어났다. 세상의 몇 안 남은 유토피아 중 하나가 피기도 전에 시들고 있었다.

평화롭고 고요하고, 낮에는 젊은이들의 건강한 피크닉으로 힘차기까지 하던 방비엥은 어둡고 추하고, 다시는 복원되지 못할 폐촌처럼 변해갔다. 이 무렵

방비엥을 찾았던 나는 왜 이 곳에 와 있을까 후회를
한 적도 있었다. 히피들이 살아가는 마을은 구성원
들 나름대로의 룰이 있고 그들이 만들어가는 창의적
인 문화가 있다. 당시의 방비엥은 전 세계 패륜아들
의 집합소처럼 보였다. 천국이 아니라 지옥이었다.

라오스 당국이 이 광란의 현장을 가만히 두고 보
지 않았다. 철저하게 집중해 단속에 들어갔다. 급기
야 방비엥은 예전의 모습을 되찾기 시작했다. 강변

에 설치됐던 무허가 평상들이 철거됐고 서양 여행자들을 상대로 위스키와 마약을 팔던 상인들은 감옥으로 갔다. 방치해 둔다면 라오스 전체의 이미지가 탁해진다. 달러의 달콤한 맛에 길들여져 순수하고 온순한 라오스가 변했다는 소문이 삽시간에 돌 것이 분명했다. 당국의 노력으로 방비엥은 다시 가라앉았다. 고래고래 고함을 지르며 옷을 벗어던지고 광란의 날들을 보내던 여행자들은 자취를 감췄다. 다시 건강한 모습으로 아름다운 방비엥을 즐기고자 하는 여행자들의 발걸음이 돌아오고 있다.

방비엥에서 살아가는 라오스 마을 사람들의 눈동자도 제 자리를 찾아가고 있다. 한때 생전 처음 보는 광경에 넋이 나가 과연 이런 사람들과 어울려 살아갈 수 있을까 걱정했을 터였다. 혼몽한 상태에서 범방을 하고 해코지를 한다면 어떻게 감당할까 두렵기도 했었다. 생전 문을 잠그지 않고 살던 사람들이 튼실한 빗장을 마련하고 살았다. 이 사람들을 위해 음식을 팔아야 하고 방을 내줘야 하는지 회의가 들기도 했었다. 그렇지만 다행스럽게도 아름다운 산하에 이런 소악패들이 영원히 들끓지는 않았다. 다시 평

온해지고 즐거운 마음으로 여행자들을 만날 수 있게 된 것은 파동산의 산신이 도운 결과라고 믿었다.

방비엥의 지옥은 한 철이었다. 다시 평화가 찾아왔다. 햇살은 예전 그대로 강렬하고 강물은 여전히 고요하게 흐른다. 여행자들은 과거 앞서간 여행자들의 행패를 익히 알고 있다는 듯이 온순해졌고 밤새 길거리를 다녀도 행패부리는 주정뱅이가 없다. 여행지는 이래야 한다. 손바닥만한 시골마을이 세계에서도 유명짜한 여행 명소로 손꼽히는 것은 쉽지 않다. 방비엥은 최소한 그 반열에 올라서 있다. 여행자들 덕에 마을 사람들이 살고, 마을 사람들의 도움으로 여행자들이 행복하다. 선순환의 전형적인 사례가 라오스 중부 산골에서 펼쳐지고 있다.

강변에서

쏭강을 가로지르는 나무다리를 건넜습니다. 중간쯤 건너다가 심하게 흔들리는 다리 위에서 잠시 현기증을 느꼈습니다. 우리의 인생이 원래 이런 것 아닙니까? 아슬아슬 부실한 나무다리를 건너는 것. 삶의 중간쯤에서 한 두 번의 위기를 겪는 것.

　나는 이 다리를 건너 나비가 지천으로 날아다니던 계곡을 걸었습니다. 과거 내가 이 마을을 처음 방문했을 때 알록달록 형형색색의 나비들이 계곡을 가득 날아다니던 것

을 본 적이 있습니다. 그래서 나는 그 계곡을 나비계곡이라 이름 지었습니다. 물론 나 혼자 지은 이름이어서 널리 불리지는 않았습니다. 강을 건너게 해주는 나무다리조차 없던 시절 나뭇잎 같은 쪽배를 타고 쏭강을 건너 다녔습니다. 지금도 그때 나를 도강시켜줬던 사공의 얼굴이 선합니다.

어느 해 다시 계곡을 찾았을 때 그렇게 많던 나비가 흔적도 없이 사라졌습니다. 하기야 인적이 드물던 계곡이 여행자들로 북적이는 혼잡한 유원지처럼 변하고 말았으니 적요한 하늘에서 너울너울 날갯짓 하던 나비들이 사라져 버린 것도 무리는 아닙니다. 계곡을 채웠던 나비들은 인적을 피해 더 깊은 계곡으로 거처를 옮겼을지도 모르겠습니다. 이제는 이 계곡에 나비 대신 날개는 없지만 사뿐한 몸짓으로 산과 들, 강이 베풀어 놓은 바람을 맞으며 걷거나 달리는 젊은이들이 생겨났으니 크게 유감은 아닙니다. 자연을 누리는 주인은 세월에 따라 바뀌는 법이니 훗날 인기척이 다시 뜸해질 쯤에 누가 이 계곡의 주인이 될지 궁금하긴 합니다.

계곡을 따라 걸으면 작은 마을이 등장하고 마치

50여 년 전 우리의 고향집을 연상시키는 집에서 오랫동안 잊고 살았던 친척 같은 사람들이 살고 있습니다. 이 마을 사람들도 성냥불을 그어 불씨를 살려야 하고 흙먼지, 땀에 전 옷을 빨아 햇살에 널어야 하기에 소소한 물건을 파는 가게도 보입니다. 판자로 얼기설기 엮은 가게의 좌판은 모두 쓸어 한 집의 살림살이를 해도 모자랄 것 같이 듬성듬성합니다. 그래도 가게를 지키는 아낙이 있고 아낙은 심심풀이로 호박씨앗을 까고 앉았습니다.

계곡은 쏭강 주변의 여러 동굴 가운데 가장 볼만한 탐푸캄까지 이어집니다. 그 길에 작은 개울이 몇 개 더 흐르고, 그 개울에서 멱 감는 아이들과 들소들을 쉽게 볼 수 있습니다. 아무리 여행객들이 넘쳐나도 자연은 그 많은 사람들을 모두 끌어안습니다. 다행히 이곳을 찾는 여행객들은 자신을 품어주는 자연을 거스르지 않습니다. 자박자박 걷거나 자전거로 내달리며 세상에 흔하지 않은 유토피아에 순응합니다. 참 아름답습니다. 자연도 인간도 여기에서는 참 아름답습니다.

땀이 흐르면 쉬어갑니다. 그늘에 앉으면 금세 땀이

식기도 합니다. 비가 내리면 고스란히 맞아도 됩니다. 젖은 몸으로 계곡을 걸으면 발 아래 느껴지는 흙덩이가 한없이 부드럽습니다. 한 발 한 발 탐푸캄까지 걸으며 내 몸을 옥죄고 있는 도회의 거푸집을 털어내고, 정말이지 말간 알몸이 되고 싶습니다. 원시의 자유를 만끽하면서 미워했던 사람을 잊고 그리운 사람의 이름을 나직하게 불러봅니다.

탐푸캄 앞에 대갓집 마당만한 크기의 물웅덩이가 있습니다. 개울물이 흐르다가 동굴 밑 계곡에서 한 번 모여 쉬어가는 모양입니다. 물빛이 옥색입니다. 이 물이 흘러 방비엥의 마을을 감고 흐르는 쏭강의 수위를 높입니다. 방비엥이 아름다운 마을인 것은 아마도 이 옥빛 물이 쏭강으로 흘러 들어가기 때문이 아닌가 착각이 들 정도입니다. 나비처럼 나풀나풀 이곳까지 온 젊은이들은 이 물웅덩이에 풍덩풍덩 자맥질합니다. 더위도 씻고, 욕망도 씻고, 세상에 대한 막연한 두려움도 씻습니다. 이 웅덩이는 원래 이름이 없었습니다. 탐푸캄 앞 웅덩이 정도로 지칭됐습니다. 하지만 어느 순간 '블루라군'이라는 기가 막힌 이름이 붙여졌습니다. 어느 눈치 빠른 여행업자가 붙인 이름이 분명합니다. 라군은 바다에서 분리된 호수나 웅덩이를 말합니다. 사방팔방 바다 한 조각 없는 라오스에 라군이라니, 푸훗 하고 웃음이 났습니다. 하지만 세상 어느 라군보다 더 아름답기에 그 정도의 객쩍은 이름 짓기는 애교로 봐주기로 했습니다.

옥빛 물속에 뛰어든 젊은이들이 소리 높여 웃습니다. 웃음소리가 탐푸캄의 산자락을 감고 돌고 웅덩이 위 물보라를 일으킵니다. 웅덩이 옆 키 큰 나무에 그네를 매어두고, 사다리를 놓아 어른 키 세 길 정도 되는 물속에 뛰어들 수 있도록 해뒀습니다. 용기 있는 젊은이가 높다란 나무 위로 올라가면 모두들 그 젊은이를 응시합니다. 막상 용기를 내 꼭대기로 올라가긴 했지만 아찔한 높이에 움찔 겁을 먹은 젊은이가 머뭇거리면 다른 젊은이들이 카운트다운을 하면서 다시 용기를 불어넣어줍니다. 눈을 질끈 감고 물속으로 뛰어들면 바라보던 젊은이들이 일제히 함성을 지르고 박수도 보냅니다. 블루라군에 모인 젊은이들은 이때 국적도, 이념도, 지위도 다 벗어버립니다. 이 공간은 세상에서 가장 평화롭고 우애로운 독립공간입니다.

세상을 떠나 이곳 라오스의 한적한 시골마을 방비엥에 와 있습니다. 오랫동안 이런 평화를 갈구했습니다. 고단

했습니다. 사람이 무섭고 세상사가 버거웠습니다. 이유 없이 몸이 달아오르고 벌컥 화가 돋기도 했습니다. 몸속 가득 독소가 번진 듯 했습니다. 방비엥에 와서 속진을 씻습니다. 여기도 사람 사는 세상이어서 사람을 상대로 신경전을 벌이기도 합니다. 하지만 그때뿐입니다. 방비엥에서는 어느 누구도 미워하거나 시기할 수 없습니다. 왜냐면 여기는 세상에 남은 마지막 유토피아이기 때문입니다.

다시 쏭강 어귀 마을로 돌아갑니다. 방비엥에서는 자연에 있거나 마을에 있거나 크게 다를 바 없습니다. 이미 여기에 사는 사람들은 자연이 물들인 색을 입고 풋풋한 향기를 냅니다. 내가 살던 땅의 안부가 문득 궁금해집니다. 다시 돌아가야 할 곳이니까요. 해질 무렵 파동산을 물들이는 노을을 보여드리고 싶습니다. 산의 정수리에 노을이 물들면 강변마을의 집들이 하나 둘 등을 밝힙니다. 하늘 위 별들이 지상으로 내려앉는 순간입니다.

다시 돌아가면 쏭강의 물소리를 기억할 것입니다. 나비계곡을 가득 채우던 바람을 느낄 것입니다. 블루라군에 울려 퍼지던 젊은이들의 웃음소리를 흉내

넬 것입니다. 언제 다시 이곳에 돌아올지 기약이 없습니다. 기약이 없기에 더욱 그리울 것입니다. 내가 이곳을 떠나도 누군가 나처럼 나비계곡을 걸을 것입니다. 그도 나와 같이 이곳의 모든 소리에 귀기울이고 모든 흔들림에 오감을 열 것입니다. 오늘은 방비엥의 어둠이 내게 깊은 안식을 줄 것 같습니다.

　이만 쓰겠습니다. 내가 진종일 누빈 나비계곡을 걷는 꿈을 꾸면 좋겠습니다. 내가 걸었던 이 길을 걷고 내가 지금 느끼는 이 감흥을 오롯이 함께 느끼게 되기를 바랍니다. 안녕히.

사라진 것들에 대한
그리움

개울이 길을 막았다. 바지를 걷으면 무릎까지 찰 정
도의 깊이였다. 마을의 깨복쟁이들이 물장구를 치고
있었다. 개울 옆에 그림 같은 나무다리가 섰다. 사람
들은 그 다리를 건너며 개울을 첨벙거리는 아이들을
지긋이 바라다 봤다. 다리도 개울도, 다리를 건너는
사람도 물놀이 하는 아이들도 마치 잘 만든 예술영
화의 한 컷처럼 아름다웠다. 나도 그 다리를 건넜다.
건너면서 개울을 내려다 봤다. 다리 위에서 바라보

니 아이들이 더 살가워졌다.

내가 라오스를 처음 방문하게 된 계기를 이 다리가 만들어줬다. 방콕 카오산로드의 어느 카페에 앉아 영자신문을 보고 있었다. 그 신문의 레저판에 세상에서 한 번도 본적이 없는 아름다운 다리 사진 한 장이 풀컷으로 실려 있었다. 클린트 이스트우드와 메릴 스트립이 출연한 영화 '메디슨카운티의 다리'가 인기를 끌던 무렵이었다. 주름이 자글자글한 클린트 이스트우드와 이웃집 식당 주인같이 평범한 아줌마 메릴 스트립이 만들어낸 벼락같은 사랑에 이끌려 전 세계의 중년이 메디슨카운티의 다리가 어딘지, 그곳에 가고 싶어 할 때였다. 메디슨카운티의 다리는 아니었지만, 나는 대번에 신문 속의 다리에 끌렸다. 더듬더듬 다리의 소재를 파악해보니 인근 국가 라오스의 방비엥이라는 산골에 있다는 것이었다.

나는 당시 긴 인도여행을 마치고 방콕에서 피로를 풀고 있던 중이었다. 신문을 차곡차곡 접어서 가방 속에 집어넣었다. 가자, 당장. 숙소로 돌아온 나는 가방을 챙겨들고 방콕의 북부터미널로 달려갔다. 늦은 밤 떠나는 국경도시 농카이행 버스에 오른 것은 순

전히 이 다리가 인력으로 끌어당겼기 때문이다. 종
적이 묘연했던 사랑하는 여인의 소재지를 파악한 듯
이 혼비백산 라오스로 달려갔다.

사흘 만에 도착한 방비엥에서 나는 게스트하우스
주인에게 불문곡직 신문부터 펼쳐보였다. 주인은 강
을 넘어 큰 동굴로 가는 길에 이 다리가 있다고 말했
다. 긴 여정의 피곤을 잊은 채 강을 건넜다. 다리와
가까운 곳에 있다는 기쁨에 잠시라도 지체할 이유가
없었다. 나는 한 번도 그 사진을 의심하지 않았다. 간
혹 사진이 주는 감동이 현실과 엄청난 괴리감이 있
기도 하다는 사실을 잘 알고 있었지만 이 사진은 틀
림없는 진실이라고 굳게 믿었다. 나의 믿음은 적중
했다. 내 눈 앞에 나타난 다리는 사진이 주는 감동에
바람과 햇살, 천진한 아이들, 순박한 사람들이 합쳐
져 두 배, 세 배의 감동을 줬다.

내 고향에도 아름다운 다리는 있다. 돌다리도 있고
징검다리도 있다. 시골마을에 있는 나무다리도 더
러 본 적이 있다. 하지만 방비엥의 나무다리는 달랐
다. 두텁고 강단 있는 나무가 아니라 꿀렁꿀렁 삐걱
삐걱 제멋대로 놀아나는 얇은 나무판을 잇댄 다리였

다. 나무판이 부서지거나 썩으면 또 다른 나무를 갖다 대 땜질을 해뒀다. 아슬아슬한 다리였지만 개울에 풍덩 빠져도 위험할 일은 없었다. 이 다리는 다만 바짓가랑이를 걷는 수고를 덜어주고 작은 수레가 개울을 건널 수 있도록 도와주는 역할을 할 뿐이었다. 하지만 다리는 방비엥 계곡에 또 하나의 기가 막힌 정경을 만들어 내는 화룡점정 역할을 하고 있었다.

언제였는지 모른다. 다시 찾은 방비엥의 계곡에 그때 내가 보았던 다리는 사라져 버렸다. 완만한 경사로 흐르던 개울가에 시멘트 둑이 만들어져 있고 다리가 놓여있던 자리에는 자동차나 툭툭이, 혹은 버기카가 전력질주를 해도 좋을 길이 나버렸다. 탐푸캄 앞 물웅덩이인 블루라군을 찾는 여행자들이 폭발적으로 늘어나자 방비엥 사람들은 여행자들의 편의를 위해 길을 터 준 것이 분명했다. 여행자들 입장에서 본다면 당연히 고마운 일이다.

또 그 다리 외에도 방비엥에는 기가 막힌 나무다리가 여러 군데 생겨났다. 쏭강을 넘을 때 나무배가 건네주던 수고를 덜기 위해 차를 타고 넘을 수 있는 제법 튼튼한 나무다리도 생겼고 얼기설기 나무막대를 지주대로 삼아 널빤지를 엮어 만든 흔들다리도 여러 군데 생겼다. 쏭강과 마을을 연결해 주는 이들 다리들은 멀리서 봐도 아름답고 가까이서 봐도 아름답다. 또 흔들리면서 건너도 아름답다. 오히려 내가 처음 본 다리보다 조형적으로 더 아름다운 다리도 있다. 처음 방비엥에 와 본 사람이라면 지금 생겨난 다리들을 보면서 '이건 다리가 아니라 아트군'이라고 감탄할 사람들도 있을 것이다.

하지만 나는 아쉬웠다. 여기 저기 아무 데서나 볼 수 있는 다리가 아니라, 쏭강을 나무배로 건너 정겨운 강 건너 마을을 지난 뒤 한적한 길에서 무리지어 날아오르는 나비떼를 만나다가 문득 마주치는 다리를 상상해 보라. 세상에 하나 밖에 없던 그 소박하고 정겨운 다리 위에서 발밑으로 흐르는 개울물을 바라보며 잠시 땀을 식히는 여유를 가져봤다면 나의 이 안타까운 마음을 이해할 수 있으리라. 온갖 유사품이 생겨나고 그 유사품의 성능이 뛰어나다 하더라도 원조가 주었던 향수와 위력은 쉽게 잊히지 않는다. 가장 순수한 감정으로 만났던 첫사랑이 떠나가고 또 다른 여인이 눈앞에 나타나도 첫사랑을 잊지 못하는

심정으로 나는 그 다리를 기억한다.

•

방비엥의 메인스트리트에는 서너 군데의 게스트
하우스와 대여섯 군데의 레스토랑만 있었다. 여행자
들은 방비엥에 도착하면 선택의 여지가 없이 그 가
운데 숙소를 정했고 밥을 해결해야 했다. 하지만 지
금은 엄청나게 많은 숙소와 식당이 생겨났다. 수요
와 공급의 균형이 철저하게 맞아떨어지는 현상이다.
강변에 늘어선 게스트하우스와 레스토랑, 카페들이
있던 자리는 원래 한적한 강변길이었다. 잡풀이 우
거지고 길이 좁아 해가 지고 나면 다니기에 매우 불
편했다. 어느 순간 그 길은 새로운 메인스트리트가
되었다. 쏭강을 조망하기 좋은 자리에 여행자들의
편의시설이 속속 들어섰다.

방비엥 메인스트리트에 아침시장이 있었다는 사
실을 기억하는 사람들은 아마 그리 많지 않을 것이
다. 동이 트기 전부터 아침시장은 분주했다. 안개
가 자욱하게 낀 이른 시간 방비엥 인근의 고산족들

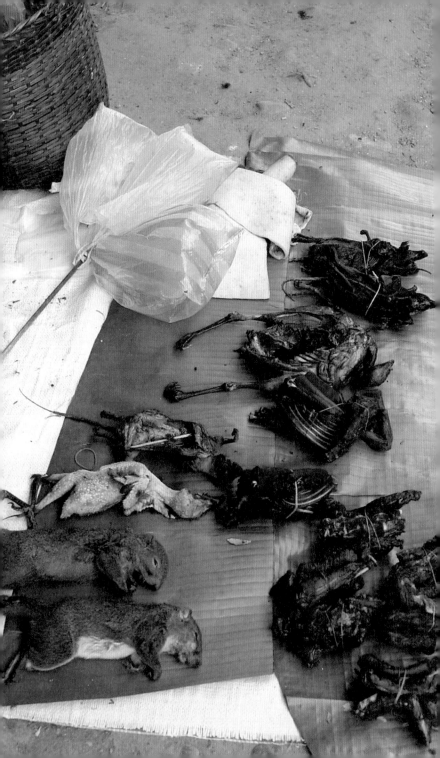

은 두 세 시간을 걸어서 내려와 난전을 폈다. 공산품이나 생활필수품을 파는 지붕이 달린 점포는 일부분이었고 대부분의 사람들은 자신들이 가져온 먹을거리를 강으로 길게 난 풀섶에 아무렇게나 펼쳤다. 강에서 잡은 각종 물고기는 물론이고 산에서 잡은 오소리나 박쥐, 구렁이, 다슬기, 도마뱀도 흔하게 보였다. 순대를 닮은 소시지를 만들어 팔기도 하고 온갖채소와 향신료들도 아침시장 마당에 펼쳐졌다. 아예박쥐나 오소리를 숯불에 구워 완제품을 만들어 파는사람도 있어 시장 안에서는 새벽 댓바람부터 노린내가 진동을 했다.

장에 나온 사람들의 복장도 각양각색이었다. 수많은 소수민족들이 모여 사는 라오스답게 장에 나와 물건을 파는 사람들의 모양새를 살피는 재미는 그어떤 것보다 융숭했다. 라오스 사람들끼리야 옷에따라 어느 민족인지 쉽게 구분하겠지만 신출내기 여행자들은 다만 그 알록달록한 복식에 취해 카메라를들이대기만 했다. 들고 내려왔던 물건을 다 판 고산족들은 아침에 벌어들인 돈을 침을 발라가며 세거나필요한 공산품을 사서 다시 산으로 올라갔고 분주한 아침시장이 끝날 무렵 게으른 여행자들은 그제야 눈곱을 떼고 어슬렁거리며 길거리로 나섰다.

아침시장도 방비엥에서 사라져버렸다. 마을 외곽에 번듯한 신시장이 생기면서 옮겨가 버렸다. 이제 방비엥에는 여행자들에게 내보일 중요한 아침 문화 콘텐츠 하나를 잃어버렸다. 전형적인 라오스인들의 삶을 생생하게 목격할 수 있는 현장을 걷어내 버린 것이다. 그 자리에는 여행자들이 먹고, 자고, 코풀 수 있는 공간이 들어서버렸다. 중국 자본이 들어와 엄청난 규모의 호텔을 세웠다. 고산족들이 벌였던 그 정겹고 생생한 삶의 모습은 더 이상 볼 수 없다. 그 모습을 보려면 북부 라오스로 올라가야 하는 수고를 겪어야 한다.

•

잠자는 숲속의 미녀가 깨어나고 있다. 방비엥은 물론이고 아름다운 도시 루앙프라방도 엄청난 속도로 바뀌고 있다. 수십 년, 아니 수백 년을 고스란히 그 모습 그대로 존재하던 도시들이 한순간 엄청난 변화를 거듭하고 있다. 수많은 여행업자들은 라오스라는 타임캡슐을 열고 디지털 문화권의 사람들을 유혹하고 있다. 타임 테이블을 들여다보면서 일촌일각을 다투는 사람들은 지상의 마지막 낙원 라오스로 달려간다. 해먹에 몸을 뉘고 최대한 게으름을 피우거나 1박2일 걸리는 슬로우 보트에 몸을 싣고 신선의 경지를 체험한다. 그리고 다들 이렇게 말한다. "라오스야 제발 더 나아가지 마. 잠에서 깨어나지 마." 거의 나와 같은 심정일 것이다.

처음 라오스에 발을 디딘 사람들은 눈앞에 놓인 그 모습에도 찬사를 보낼 수 있다. 하지만 서너 차례 라오스의 매력에 빠져 거듭 방문하는 사람들은 라오스가 변하는 모습을 보면서 안타까운 심정이 들 것이다. 나처럼 이름 없는 다리를 기억하며 스토커처럼 그 다리를 찾아가는 사람도 있을 것이다. 아침시장의 익숙하지 않은 노린내를 다시 한 번 맡아보고 싶은 간절한 소망에 새벽잠을 설치는 사람도 있을 것이다. 그러나 이 모든 욕망은 여행자들의 이기적 발상에서 비롯된다. 라오스 사람들도 멋진 선글라스를 끼고 좋은 옷을 입고 거리를 활보하는 여행자들이 사는 세상에서 살고 싶어 할지도 모른다. 아무리 자신들의 나라가 선진국의 사람들에게 매력적인 보물 창고 역할을 하고 있다하더라도 자신들의 삶은 고달 프다고 느낄 수도 있다. 우리의 눈에 비친 환상적 아름다움은 그들에게는 극복하고 싶은 재앙일 수도 있다는 점을 잊지 말아야 한다.

돌아보지 말자. 인생은 철저하게 서사구조를 따른다. 과거에서 현재에 이르기까지 시간은 유장하게 흘렀다. 우리에게 남은 것은 다가올 시간뿐이다. 우리가 살아온 과거의 모습을 보고 싶다는 간절한 소망이 라오스행 비행기를 타게 만드는지도 모른다. 꺼내볼 수만 있다면 그것도 좋은 발상이다. 누렇게 변색한 흑백 가족사진 속에 가르마 탄 자신을 발견하는 재미를 느끼고 싶다면 최선의 선택이다. 하지만 우리는 이미 변해있고 사진은 사진으로만 존재한다. 라오스는 라오스대로 그들 방식의 발전을 모색하고 있다. 그들의 행보를 저지할 아무런 명분도 자격도 없다.

하지만, 제기랄, 사라져 버린 모든 것들은 그립다.

Chapter 4

싸바이디
라오스

—

오감이 만족되는 힐링의 땅,
신과 인간이 공존하는
타임캡슐 속 또 다른 우주,
우리 라오스로 소풍갈래?

뽀뺀냥, 꼽짜이

주머니를 뒤져보니 라오스 돈이 달막거렸다. 태국 돈도 떨어졌고 고액권의 미국 돈밖에 없었다. 남은 돈을 확인하지도 않고 밥은 덜컥 다 먹었고 이미 위장 속에서 소화가 되는 중이었다. 거기다 음료수까지 마셨으니 낭패였다. 시골길을 가다가 허기를 느꼈고 허름한 노변식당에서 대나무 통 찹쌀밥에 다진 닭고기를 맛나게 먹고 난 후 계산대 앞에서 당한 일이었다. 100달러를 꺼내 주인에게 보였더니 고개를

저었다. 남아 있는 라오스 돈은 식비에 턱없이 모자랐다. 쩔쩔매는 나를 보던 주인은 내 손에 들려있는 잔돈푼을 빼앗듯이 가져가더니 "뽀뺀냥"이라고 말했다. 'No problem'이라는 뜻의 라오스 말이다.

나는 그동안 많은 나라를 여행하면서 'No problem'이라는 말을 수도 없이 들었다. 하지만 라오스에서 듣는 '뽀뺀냥'과는 뉘앙스가 달랐다. 이를테면 이렇다. 인도의 콜카타에서 지옥 같은 교통체증에 막혀 델리행 기차를 놓쳐버렸을 때, 델리에서의 중요한 약속을 어기게 돼 안절부절 못하는 내게 택시 운전사는 능글맞은 웃음을 지으며 'No problem'이라고 말했다. 파키스탄의 국경도시 라호르의 식당에서 접시 안에 흉물스러운 이물질이 발견돼 종업원을 불러 항의를 했더니 종업원은 얄미운 웃음을 지으며 'No problem'이라고 응대했다. 그러나 라오스의 '뽀뺀냥'은 달랐다. 상대가 닥친 상황에 대한 무조건적 능침이 아니라 진정어린 위로, 용서, 허용이 담긴 따뜻한 선언이었다. 진심으로 아무 문제없으니 안도하라는 토닥거림이었다. 다른 나라에서 들은 'No problem'은 화자 중심의 말이었고, 라오스에서 들은

'뽀뺀냥'은 청자 중심의 말이었다.

'뽀뺀냥'은 라오스에서 하루에 최소한 서너 번은 듣게 되는 말이다. '괜찮아', '잊어버려', '어쩔 수 없잖아', '후회해도 소용없어'라는 중의적 뜻을 지닌 이 말은 라오스인들의 민족성을 잘 드러내는 말이다. 매혹적인 미소와 함께 날리는 '뽀뺀냥'은 듣는 이들에게 청량제 같은 안도감을 느끼게 한다. 깊은 화해와 인내, 용서와 위로를 품고 있는 이 말로 라오스에서의 생활은 안온하다.

하지만 이 말을 그들의 결핍에 대한 얼버무림으로 왜곡해서 들을 수도 있다. 말하자면 그들이 닥친 현실적 어려움을 운명으로 돌리는 체념의 허사 정도로 이해할 수도 있다는 말이다. 도저히 해결할 수 없는 현실적 난관에 대한 나름의 대처로 이 말이 관습처럼 굳어져 버린 것이 아닌지 의심할 수도 있다. 나는 그렇게 생각하지 않는다. 어려운 사정이라면 더욱 지악스러워지는 것이 인간의 본성이다. 만약 라오스 사람들이 그들의 어려운 살림살이에서 벗어나고 싶은 절박한 심정에 몰입해 있다면 그처럼 천연덕스러운 관용을 베풀 수 없다는 것이 나의 판단이다. 그들

의 타고난 천성인 넉넉함과 부처님이 가르친 이타심
에 대한 생래적 심성이 없다면 이 말은 불가능하다.

●

'뽀빼냥'과 함께 자주 듣는 말은 '꼽짜이'다. 모든
만남에, 모든 거래에 '꼽짜이'는 반복된다. 한 술 더
떠 '꼽짜이 라이라이'라고 한다. 'Thank you'라는 의
미인 '꼽짜이'에 'Very much'라는 의미의 '라이라
이'를 덧붙인 말이다. 라오스 사람들은 작은 일에도
감사의 마음을 전한다. 형식적인 건성 인사말이 아
니라 두 손을 공손히 이마에 모으고 합장과 함께 고
마움을 전한다. 자신들이 선행을 베풀어 놓고 수혜
자가 만족해도 어김없이 이마에 두 손을 모으며
말한다. "꼽짜이 라이라이"

이들이 매사에 감사하는 것은 무슨 연유일까. 나
는 그들의 진심에서 우러나오는 겸사로 본다. 체면
과 예의를 존중하는 라오스 민족은 모든 것에 평화
를 추구한다. 인상과 풍모에서 남을 해할 것 같은 이
미지를 가진 사람을 라오스에서 결단코 본 일이 없

다. 도대체 무슨 민족이 이런 인상을 가졌을까 싶을
정도로 선하고 포근한 모습이다. 작은 일에도 감사
하고, 이를 서슴없이 표현할 줄 아는 라오스인들의
품성은 깊은 울림을 준다. 맞닥뜨린 현실 앞에서 비
굴한 웃음을 흘리고 뒤돌아서서 험담을 늘여놓는 현
대인들이 배워야 할 가장 기본적인 인성이다.

그리고 라오스인들은 결코 서두르지 않는다. 라오
스 속담에 '아이가 울기 전까지 먹을 것을 줄 필요가
없다.'라는 말이 있다. 자연에 순응하면서 오랫동안
거칠게 살아온 그들 나름대로의 처세철학이다. 그
래서 더러는 라오스의 공식국호인 LAO PDR(People's Democratic Republic)의 PDR을 'Please Don't
Rush'로 돌려서 말하기도 한다. 라오스에서는 그들
의 느긋한 생황방식을 따라가는 것이 편하다. 도무
지 급할 것이 없는 그들을 보면서 숨가빠하면 라오
스를 여행할 자격 하나를 상실하는 것과 같다.

작열하는 태양 아래에 고스란히 노출된 채 걷는 여
행길. 나무 그늘 아래 편적한 돌판 위에 앉아 숨을
고르거나 숙소로 돌아와서 오수에 빠지는 것은 낯선
기후에 적응하기 위한 지혜이기도 하지만 라오스 전

체가 주는 바쁘지 않은 분위기가 여행자의 그런 게
으름을 용납해 주기 때문이기도 하다. 라오스에서
급하게 뛰어다니는 여행자나 현지인을 발견하는 것
은 사막에서 연꽃을 발견하는 것처럼 어렵다.

•

라오스에는 68개 소수민족이 살아간다. 이들은 저
마다의 지역에서 저마다의 문화와 관습을 유지한 채
핏줄을 이어가지만 내 눈에는 민족들 간의 갈등이나
부조화가 보이지 않았다. 650만 명에 불과한 라오스
전체 인구에 비교한다면 엄청난 갈래의 민족이 살아
가는 것이다. 이 민족들을 한꺼번에 끌어안는 구심
점도 눈에 띄지 않는다. 중국의 강력한 전체주의를
흉내 내기에는 라오스 정부가 턱없이 무력하다. 그
럼에도 불구하고 그들은 아무런 불만 없이 자신들의
삶에 순응하며 살고 있다. 단언컨대 그 이유는 무욕
에서 출발한다. 자연이 내려준 혜택에 수굿수굿 따
르고 마천루, 복마전, 합종연횡 등 문명이 만들어 놓
은 온갖 현란한 인간사와 무관하게 살아가기 때문이

다.

라오스 정부도 영 바보들만 모인 집단은 아니다. 68개 소수민족을 크게 세 가지로 분류해 뒀다. 간편하게 각 민족들이 살아가는 취락 형태에 착안해 평지에서 살아가는 민족을 '라오룸', 산허리에서 살아가는 민족을 '라오퉁', 고산지대에서 살아가는 민족을 '라오쑹'이라고 식별하기 쉽도록 정리했다. 일종의 통합정책의 결과물이다. 매우 건성이고 어설픈 것 같지만 자세히 들여다보면 이 정리는 질서정연하다.

라오룸은 정착형 벼농사를 지으며 살아가며 소승불교를 믿고 있다. 라오스 사람의 상당부분이 라오룸족에 속하며 경제적, 문화적으로 라오스의 리더 그룹을 형성하고 있다.

라오퉁족은 메콩강 상류 고지대에서 살아가며 쌀농사, 옥수수, 담배, 목화, 커피 등을 경작하며 산다. 이들은 1,000m 이상의 고지대로 올라가지는 않는다. 그리고 라오룸이 사용하는 라오스의 공식언어인 라오어와는 다른 그들만의 언어와 방언을 구사하면서 살아간다. 사회적 지위는 매우 낮은 편이고 얼마

전까지만 해도 '노예'를 뜻하는 '카'라는 말로 불렸다.

라오쑹족은 대부분 고지대에서 산다. 라오스의 북부를 방문하면 라오쑹에 속하는 몽족, 아카족, 야오족들을 자주 볼 수 있다. 주로 중국에서 이주해 온 것으로 보이는 라오쑹족들은 종교도 중국의 대승불교, 유교의 영향을 받은 고유한 정령신앙을 갖고 있다. 이들은 독립심이 매우 강해 자신들의 문화와 관습을 절대로 버리지 않으려 하는 특징을 가지고 있다. 그리고 고산지대를 이용해 자유롭게 국경을 넘어 중국이나 태국, 미얀마를 드나든다.

다시 말하지만, 간별이 쉽지 않은 민족이 뒤엉켜 사는 라오스에 일체의 혼란은 없다. 개성 강한 민족들이 어울려 만들어 둔 역사와 문화지만 튀지도 넘치지도 않는다. 그것이 바로 라오스의 한없는 매력이다. 라오스에서 길을 잃거나 숙소를 찾지 못해도, 차를 놓쳐도 겁먹을 이유가 없다. 그런 이들에게 나는 태연하게 말할 수 있다. "뽀빼냥"

슬리핑버스

버스가 쉽게 올 것 같지 않았다. 길게 이어진 도로에서 버스가 올 방향을 눈이 아프도록 쳐다보고 있었지만 간혹 승용차와 화물차만 지나갈 뿐 내가 기다리던 버스는 코빼기를 보이지 않았다. 제대로 된 터미널이 없는 시골도시에서는 도로변 컨테이너 박스 같은 매표소에서 차표를 구매하고 그 주변을 서성이며 버스를 기다리기 일쑤다. 아침나절이면 그럭저럭 견딜만하지만 일단 해가 중천에 떠오르면 고통스럽다. 정류장 주변에 큰 나무나 번듯한 벤치라도 있으면 여유로울 수 있겠지만 그것도 아니다. 언제 올지 모르는 버스를 기다리며 승객들은 덩그렇게 도로에 나앉아 있어야 한다.

멀리서 지붕 위에까지 짐을 가득 실은 버스 한 대가 다가왔다. 직감적으로 내가 타야 할 버스라는 것을 알 수 있었다. 그 시간에 그 도로를 지나갈만한 버스는 흔치 않았다. 시정거리에 다가온 버스는 나를 깜짝 놀라게 했다. 그리고 웃음을 폭발하게 만들었다. 버스 앞 창 왼쪽 귀퉁이에 출발도시와 도착도시의 이름을 라오스어로 써 붙여 놨지만 내가 그것을 보고 웃은 것은 아니다. 그것보다 더 크게 붙어 있는 '가리봉동'과 '상봉터미널'이라는 글자 때문이었다. 우리나라 서울의 시내버스를 수입해 와 글자를 지우지 않고 그대로 사용하고 있는 것이었다. 더 우스운 것은 짐을 싣기 위해 버스의 뒤로 돌아가다가 발견한 표어 '백화점 셔틀버스, 과소비를 부추긴다.' 였다. 1990년대쯤 백화점이 고객 유치를 위해 너도나도 셔틀버스를 운행하자 대중교통 업계에서 승객이 줄어드는 현상에 항의해 시내버스에 붙인 표어가 분명했다.

라오스에는 우리나라 버스가 흔하
다. 태권도 도장, 어린이집이 사용하
던 미니버스는 물론이고 서울이나 경
기도 지역의 도시를 누비다 사용연한
을 넘긴 대형버스들을 그대로 들여와
새로 치장하지 않은 채 번호판만 갈
고 운행한다. 21세기 초까지만 하더
라도 라오스의 도시를 넘나드는 버
스의 90% 이상이 우리나라 자동차였
다. 당시는 일본이 우리 중고차를 사
서 라오스에 무상으로 지원하는 시
대였다. 우리와 같이 왼쪽에 운전대
가 붙어 있고 도로의 오른쪽으로 달
리는 라오스의 교통 시스템이 결정적
인 이유가 됐다. 지금도 라오스의 승
용차들 중 상당부분은 우리나라 자동
차들이다.

최근 들어 태국에서 들여온 2층 버
스들이 주요 노선의 VIP버스로 활용
된다. VIP버스라고 해도 우리나라 좌

석 시내버스보다 한참 모자라는 수준이다. 에어컨은 나오는지 마는지 시늉만 한 채 달려 있고 좌석의 쿠션도 그다지 편안하지 않다. 태국에서 일생을 힘들게 구르다가 폐차장으로 가는 대신 야반도주로 국경을 건너왔는지 모를 일이다. 그럼에도 불구하고 일반 버스와 별반 다를 바 없는 VIP버스는 이름만으로도 뭔가 대접을 받는 듯해서 대부분의 여행자들은 덮어놓고 VIP버스를 탄다.

•

비엔티안의 북부터미널에서 루앙프라방으로 가는 슬리핑버스를 기다렸다. 저녁 8시에 타면 다음날 아침 8시 좌우해서 도착한다. 12시간을 딱딱한 의자에 곧추 앉아 가는 것은 도저히 무리다. 라오스에서 슬리핑버스가 등장한 것은 최근의 일이다. 중국이나 베트남에서는 이미 오래 전부터 슬리핑버스가 장거리 노선을 운행하고 있다. 버스는 정각에 출발했다. 버스 승강구에서 승무원이 검정 비닐봉지를 나눠준다. 그 봉지는 두 가지 용도로 유용하게 쓰인다. 하

나는 신발을 벗어 담는 것에, 다른 하나는 멀미가 심할 때 구토물을 담는 것에 사용된다. 정결하기로 소문난 라오스 사람들은 슬리핑버스 안을 마치 안방처럼 생각하기 때문에 신발을 벗고 타는 것은 당연지사다. 또 루앙프라방까지 가는 길목은 수백 구비의 꼬부랑 고개를 넘어야 하므로 승객 중 태반이 멀미를 겪는다. 라오스에서 버스에 앉아 있으면 반드시 고통스럽게 고개를 꺾고 구역질을 하는 승객을 봐야 한다. 아니면 본인이 그 주인공이 될 수도 있다.

슬리핑버스는 이층구조다. 두 사람씩 누울 수 있는 좌석 배열을 하고 있지만 두 사람이 누우면 조금 좁다. 덩치가 큰 서양 여행자들은 슬리핑버스에서 구부리고 자야 한다. 재수가 있거나 그 반대로 운수가 사나우면 이성 승객과 한자리에 누워 가야 하는 경우도 생길 법하지만, 아직 그런 승객은 본 적 없다. 고르지 못한 도로사정으로 밤새 흔들리는 버스 안에서 사람들은 잘도 잔다. 운전수는 승객들의 고단한 밤잠을 깨울까봐 매우 조심스럽게 운전을 하지만 라오스의 간선도로는 이제 겨우 비포장을 면한 수준이어서 수시로 덜컹거린다. 하지만 승객들은 모두 깊

은 잠에 빠져 있다. 마치 어린 아이가 흔들리는 요람
에 누워 숙면을 취하는 것과 같은 이치다.

　슬리핑버스는 밤새 한 두 번은 정차한다. 화장실
사용과 밤참을 먹는 승객들을 위해서다. 버스 안에
화장실이 있지만 그것을 사용하는 승객은 거의 없
다. 아무도 사용하지 않는 화장실은 그러나 지독한
암모니아 가스를 뿜어내 주변 몇 좌석은 후각이 불
편한 채 장시간을 견뎌야 한다. 흔들리는 차 안에서
용변을 본 남성이라면 그 이치를 알 것이다. 정확하
게 용변기로 소변을 쏟아 붓기란 쉬운 일이 아니다.

　간혹 옹색한 수면을 방해하는 축들도 있다. 버스가
달리다가 추가로 태운 승객들인데, 이들은 대개 가
까운 마을까지 가는 사람들이다. 이들이 내는 요금
은 미루어 짐작컨대 운전사의 주머니로 들어갈 것이
뻔했다. 갑작스럽게 올라탄 승객들은 버스의 통로에
목욕탕 의자 같은 간이 의자를 놓고 앉아 바로 옆에
서 막 토막잠에 들려고 하는 승객들을 불편하게 만
든다. 어느 누가 자신만의 잠자리를 지척에서 지켜
보는 낯선 사람에게 들키고 싶어 하겠는가. 그것도
이성 승객이라면 더 난감해진다.

•

이른 아침 루앙프라방 터미널에 도착하자 어질한 현기증이 몰려왔다. 불편한 잠에서 깨어났을 때 삭신이 노골거리는 증상과 밤새 흔들리던 관성에서 해방된 징후였다. 터미널은 도시의 외곽에 있었다. 가방을 든 외국인 여행자가 나타나자 호객꾼들이 몰려들었다. 툭툭이 기사들이었다. 라오스에는 택시가 보편화되지 않았다. 수도 비엔티안에서도 미터기를 단 택시를 보기 힘들다. 오토바이나 1톤 트럭을 개조해서 승객을 태울 수 있는 장치를 단 교통수단인 툭툭이가 택시를 대신한다. 태국에서 흔하게 볼 수 있는 것이다.

툭툭이는 여러모로 불편하다. 우선 전방의 시야가 가려져 있어 여행자들이 도시를 조망하는 것을 방해한다. 베트남에서 자전거를 개조한 씨클로를 탔을 때 탁 트인 시야에 느리게 움직이는 탓에 어슬렁거리며 도시를 여행하기에 가장 좋은 수단이라고 생각했는데 라오스에서는 그 호사를 누리지 못한다. 라오스에도 씨클로가 충분하게 운행할 수 있을 텐데 그렇지 않은 이유는 간단하다. 베트남처럼 평지로 이뤄진 도시가 별로 없다는 점이다. 오르락내리락하는 라오스의 지형 특성상 씨클로라는 교통수단은 적합하지 않다.

툭툭이는 운행요금이 다른 교통수단에 비해 다소 쌀 것으로 예상되지만 유감스럽게도 그렇지 못하다. 특히 외국인 여행자들과는 툭하면 요금시비가 붙는다. 그래서 툭툭이라는 이름이 붙은 것은 아니다. 오토바이 엔진 소리가 툭툭거린다고 해서 붙여진 이름이다. 요금시비라는 것은 예를 들어 4인 가족이 툭툭이 한 대를 빌려 타면 승객의 숫자만큼 요금이 올라간다. 한 사람이 타고 가면 1만 킵이지만 네 사람이 타면 4만 킵을 받는다. 부당한 요금체계다. 택시는 정원 안에서만 타면 한 사람 가격이나 네 사람 가격이 같은 것에 비춰 본다면 툭툭이의 요금 횡포는 지나치다.

•

메콩강이 도시를 감싸고 흐르는 루앙프라방에서

는 강 위에 띄워진 나무보트를 쉽게 볼 수 있다. 이
나무배들은 강 건너 마을을 건너가거나 여행자들
의 메콩강 유람을 돕는 교통수단이다. 과거에는 노
를 젓는 배들이 있었지만 지금은 모두 모터를 달았
다. 아무려나, 메콩강에서 나무배를 타보는 것은 라
오스 여행의 매혹적인 경험이다. 느리게 상류로 거
슬러 올라가는 배에 올라 강변의 원시 자연을 바라
보는 것은 세상 어느 도시에서도 맛볼 수 없는 낭만
적 여정이 될 것이다. 높이가 낮은 뱃전에 앉아 강물
에 손을 담그면, 손가락 사이로 빠져나가는 강물의
감촉으로 라오스에 온 자신이 얼마나 행복한 여행을
즐기고 있는지 실감하게 된다.

또 강변에 정박한 길쭉한 나무배들이 이뤄낸 직선
구도를 보면 이국적 풍광에 젖는다. 이제 우리나라
어느 포구나 강변에서도 쉽게 볼 수 없게 된 나무배
들이 옹기종기 모여 있는 모습은 한 편의 잘 쓴 서정
시를 읽는 기분이다. 이상하리만치 툭툭이 기사들보
다 뱃사공의 인상은 훨씬 여유롭다. 아무래도 속도
의 문제인가 보다. 그리고 물이 주는 자연적 생리를
닮아가는 것인지도 모르겠다. 물살을 거슬러 배를

모는 사공의 등짝을 보면서 승객들은 시원스런 강바
람과 함께 몰려오는 연한 졸음을 느끼게 된다.

•

거리에서 만나는 자전거도 정겨운 화폭을 만든다.
이른 아침 등굣길에 하얀 교복을 입고 페달을 밟는
학생들을 보면 과거 학창시절이 절로 떠오른다. 아
이들은 학교 가는 길목에서 여행자들을 만나면 반갑
게 손을 흔든다. 여학생들에게 여행자들이 먼저 인
사를 건네면 더러는 수줍은 듯 고개를 숙이기도 한
다. 모두가 순박했던 우리의 청소년기를 만나는 듯
하다.

나이 어린 스님들이 자전거를 타고 길가에 나선 모
습도 이채롭다. 고된 수행의 행간에 자전거를 몰고
나와 한가한 골목을 누비며 여가를 보내는 스님들의
모습은 라오스에서 심심찮게 볼 수 있다. 자전거 위
에서 즐거워하며 짓는 함박웃음은 스님인지 또래 청
소년인지 구별하기 힘들 정도로 곱다.

•

한 때 라오스의 3무가 있었다. 라오스에 바다, 영화관, 철도가 없다는 것이다. 그러나 최근에 건립한 복합문화공간에 영화관이 생기면서 3무 시대는 막을 내렸다. 그리고 태국과 라오스의 국경을 가로지르는 우정의 다리에 철도가 놓여 라오스의 다나랭 마을까지 연결됐다. 다나랭은 라오스측 국경마을이다. 다나랭에서 기차를 타고 태국 국경도시인 농카이의 역에서 환승을 하면 방콕까지 갈 수 있다. 하지만 아직 다나랭에서 기차를 타고 방콕을 오가는 여행자들은 그리 많지 않은 편이다. 머지않아 이 철도는 비엔티안까지 이어질 것이고 라오스의 새로운 교통수단으로 각광을 받을 것이다.

네팔도 철도가 없는 나라다. 아니다, 있다. 라오스처럼 짧은 철도다. 인도의 국경도시인 자이나가르에서 네팔 테라이 평원의 자낙푸르까지 약 29km 구간에 선로가 놓였다. 그 거리를 녹슬고 낡은 기차가 달린다. 달린다는 표현이 적절하지 않을지도 모른다. 시속 12km. 29km의 구간을 주파하는데 걸리는 시

간은 두 시간이다. 네팔에서 한 대밖에 없는 이 고
철덩어리 같은 기차는 언제 출발할지, 언제 도착할
지 모른다. 기다리다 지쳐서 포기할 때 쯤 기차가 나
타나서 사람들을 그 허름한 공간 속으로 밀어 넣는
다. 앉아서 간다는 것은 상상도 할 수 없도록 기차 안
은 사람, 화물, 심지어 동물들로 꽉 찬다. 숨이 막히
는 공간 속에서 두 시간을 견디면 인도라는 대국으
로 갈 수 있다. 네팔 사람들에게는 없어서는 안 될 교
통수단이다.

라오스에서 기차라는 교통수단이 상용화 되는 데
는 시간이 좀 걸릴 것 같다. 다나랭까지 철도를 이어
놓고도 비엔티안까지 연장하지 않는 것에는 여러 가
지 이유가 있을 것이다. 우선 철도를 연장하고 정상
운행하기까지 드는 자본이 모자란다. 우리나라 철도
시설공단이 라오스를 방문해 베트남과 라오스를 잇
는 철도 개통의 타당성 검토를 했다는 뉴스가 있었
지만 아직 추진될 기미가 없다.

과연 라오스에 철도가 생겨야 할까? 중국은 윈난
성과 라오스 북부를 연결하는 철도를 건설할 복안을
가지고 있다. 이 철도를 통해 중국의 물자는 인도차

이나 반도로 자유롭게 흘러들 것이다. 라오스가 중국의 인도차이나 반도를 향한 화물 육로 수송에 바리게이트를 치고 있는 셈인데, 이미 도로가 시원하게 뚫려 그 바리게이트는 일정부분 무너진 상태지만 아직 철도가 열리지 않아 그나마 다행이다. 철도는 중국의 인도차이나 반도 진출의 교두보를 만들어준다. 만약 철도가 뚫리면 그 희생양은 라오스가 될 것이다. 어마무시한 중국의 자본과 물자가 라오스를 통해 인도차이나 반도로 흘러들면 라오스의 중국화는 급물살을 탈 것이다. 라오스의 철도 개통은 이처럼 뜨거운 감자와도 같다.

•

라오스의 도로를 누비는 오토바이를 보면 'KOLAO'라는 브랜드명을 발견하게 된다. 우리나라 기업인 오세영씨가 일으킨 한국기업이다. 'KOLAO'라는 말은 코리아와 라오스의 합성어다. 1990년대부터 인도차이나 반도를 떠돌며 기업을 했던 오세영씨는 성공과 실패를 거듭하다가 라오스에 정착해 자동차 조립, 판매 사업을 시작하면서 큰 성공을 거뒀다. 우리나라 자동차의 부품을 수입해 새로 조립하고 나서 'KOLAO' 라는 상표를 붙여 팔았는데 대박이 난 것이다. 주로 상용차 중심의 사업이 번창하다가 최근에는 라오스의 대중적 교통수단인 오토바이 제조 사업을 시작해 라오스 전국의 도로를 누비게 했다.

　오세영씨는 사업의 영역을 확장해 자동차 사업뿐만 아니라 바이오 에너지, 전자유통, 금융, 레저 등 일곱 개 분야에 걸쳐 엄청난 성공을 거두고 있다. 정확한지 모르겠지만 라오스에서 가장 많은 세금을 내는 기업이 'KOLAO'라는 이야기를 들은 바 있다. 한국인이 라오스에서 큰 성공을 거두고 라오스의 대표적인 기업으로 성장시켰으니 참으로 자랑스러운 일이다.

접시 위에 담긴
자연의 맛

간단하게 만든 화덕에 나무 조각이 불타고 있었다. 사내는 프라이팬을 화덕 위에 얹고 약간의 콩기름을 둘렀다. 비닐봉지를 부스럭거리면서 꺼낸 물건을 프라이팬에 쏟았다. 지글거리는 소리와 함께 고기 타는 냄새가 확 끼쳤다. 닭 날개와 앙상하게 살이 붙은 갈비뼈였다. 사내는 고기를 이리 저리 프라이팬 위로 굴렸다. 고기 냄새가 퍼지자 어디서 몰려왔는지 아랫도리를 겨우 가린 아이 세 놈이 화덕 주위로

몰려 들어와 쭈그리고 앉았다. 사내가 고기를 굽는 동안 아이들은 연신 입 주위를 훔치며 고기가 익기를 기다렸다. 아카족 마을 입구에서 만난 장면이었다. 가난한 고산족들이 모자라는 단백질을 보충하기 위해 만드는 눈물겨운 음식이었다.

중국 사람들은 책상 다리를 제외하고 모든 것을 요리로 해 먹는다고 한다. 그만큼 식재료에 대한 경계가 없다는 말이다. 우리가 말하는 혐오식품들도 몸에 좋다고 생각하면 마구잡이로 요리해 먹는 몬도가네다. 라오스 사람들도 이에 못지않다. 세상에 못 먹을 것이 없다는 듯이 온갖 것들을 목구멍으로 넘긴다. 다만, 중국 사람들처럼 보양을 위한 섭취가 아니라 생존을 위한 절대절명이다. 산에서 나는 독버섯이나 조리하기 절대 불가능한 식재료가 아니라면 거의 대부분 굽거나 튀기고, 데치거나 삶는다. 자연이 주는 선물을 최대한 누리고 있는 셈이다.

우리는 라오스를 농업국가로 생각한다. 주요 쌀 생산국가 정도로 오인하고 있다. 하지만 그건 짐작일 뿐이다. 라오스의 영농기술은 오랜 세월 동안 축적된 그들만의 노하우를 가지고 있지만 모든 사람들이 넉넉하게 먹을 만큼의 식량을 생산하지는 못하고 있는 실정이다. 때가 되면 무논에 볍씨를 뿌리고 화전을 일궈 잡곡을 파종하지만 소출은 기대 이하다. 텃밭을 일궈 거둬들이는 남새도 적지 않은 식구들이 넉넉하게 먹을 양은 아니다. 그나마 아침시장에 나가 돈으로 바꿔 필요한 생활용품을 사고 나면 여전히 먹을거리는 궁해진다. 그래서 라오스 사람들은 자신들이 살고 있는 삶터 주변에서 먹을 수 있는 것이라면 모든 것을 활용해 생명을 유지한다. 그리고 오리나 닭, 돼지 한두 마리를 키우는 것은 필수다. 라오스의 시골마을을 다니다 보면 집 주위에 방목하는 가축들을 쉽게 볼 수 있다. 몽족의 경우 자신들의 침실에 돼지를 함께 들이는 경우도 본 적이 있다.

라오스 사람들의 식생활을 보려면 시장으로 가면 된다. 그들은 하루 먹을 음식을 아침시장에서 구매한다. 사시사철 후텁지근한 기후에다가 음식을 신선하게 보관할 냉장시설이 없는 이들은 시장에서 딱 하루 먹을거리만 장만한다. 그러니 라오스의 시장은 항상 활기를 띄고 신선한 음식들이 거래된다.

거기서 사고 팔리는 음식을 보고 아연실색하는 외

국인들은 적지 않다. 돼지의 발은 털북숭이인 채 그 냥 팔리고, 소의 모가지는 무딘 칼자국을 선명하게 드러내고 좌판에 얹혔다. 소의 선한 눈은 감기지 않 았고 응고되지 않은 선지는 비닐봉지에 담겨 있다. 상식적으로 도저히 식탁에 오를 수 없다는 생각을 하게 만드는 수많은 동물들도 시장바닥에 버젓이 나 와 앉았다. 보기만 해도 소름이 끼치는 양서류와 도 회에서는 한 번도 보지 못한 야생동물들이 멀쩡하게 사고 팔린다.

채소 종류도 정말 다양하다. 라오스 말로 '홈뺌'이 라고 일컫는 고수는 향신료의 대표적인 것으로 거의 대부분의 음식에 들어간다. 시장의 채소가게에는 고 수가 마치 언양시장의 미나리처럼 널렸다. 연한 녹 색의 고수가 널브러진 채소가게는 우중충한 시장 분 위기를 산뜻하게 만들어 준다. 우리나라 사람들의 고수에 대한 거부감은 유별나다. 그러나 고수가 빠 진 라오스 요리는 '앙꼬' 없는 찐빵이다. 음식을 주문 한 뒤 주방으로 가는 종업원의 뒤통수에 대고 고수 를 빼달라고 요구하는 여행자들을 쉽게 볼 수 있다. 당장은 허기진 배를 거부감 없는 음식으로 채우는데

유용한 방법인지는 모르지만 라오스의 중요한 문화 하나를 놓치는 것임을 모르고 하는 행위다.

고수뿐만 아니라 시장에서는 수십 가지의 허브들이 쉽게 팔려나간다. 박하, 수련 줄기, 국화 잎, 회향풀 등 고산족 마을 주변에서 쉽게 구할 수 있는 화초류들이 라오스 음식의 맛을 내는 향신료들이다. 우리가 익히 알고 있는 배추, 무, 당근, 토마토 등의 채소는 이른 아침 산더미처럼 쌓였다가 해가 중천에 뜨는 파장 무렵에 거의 바닥을 드러낸다.

라오스 음식의 맛을 결정하는 것은 남빠라고 불리는 생선 젓갈류다. 우리의 어간장과 비슷한 남빠는 인도차이나 반도 거의 대부분의 나라에서 음식의 맛을 내는데 사용된다. 여기에 매운 고추, 레몬 잎, 라임주스, 고수 잎사귀를 섞어서 음식에 곁들이면 밋밋하던 맛이 졸지에 살아난다. 바싹 마른 국화차를 뜨거운 물에 담그면 꽃이었던 그 모습으로 다시 활짝 피는 것과 같은 느낌이다.

라오스 사람들은 대부분의 음식을 자신의 삶터 주변 자연에서 얻는다. 그래서 라오스 음식을 대하면 그들이 살아가는 대지의 맛을 고스란히 느낄 수 있다. 맵고 진하고 향기로운 그들의 음식은 세상 어디에서도 맛볼 수 없는 천연의 맛이고 라오스 사람들의 깊고 다감한 성품을 느끼게 한다. 뜨거운 햇살과 우기의 습한 열대 밀림, 이토가 가득한 메콩강 바닥의 맛은 그들의 음식 안에 담겨 있다.

·

내가 먹은 라오스 음식 가운데 가장 인상에 깊게 남는 것은 단연코 랍이다. 랍은 소, 돼지, 닭, 염소 고기, 생선을 잘게 다져서 볶고 거기에 각종 양념과 허브를 곁들인 음식이다. 마늘, 매운 고추, 그들의 고유한 소스인 타르타르는 기본으로 들어가고 그 위에 고수와 박하 등의 향신료가 첨가돼 진한 맛을 낸다. 처음에는 강한 향신료 때문에 거부감이 들다가 일단 입에 익기 시작하면 최소한 하루에 한 끼 정도는 찾게 되는 묘한 매력을 지닌 음식이다.

대나무 밥통에 담겨 나오는 찹쌀밥인 카오냐오는 라오스 음식과 궁합이 절묘하다. 어린 시절 양조장 마당에서 훔쳐 먹은 고두밥처럼 거의 물기가 사라진

카오냐오는 짙은 라오스 음식에 잘 어울린다. 손으로 뭉쳐 입으로 몰아넣을 때는 촉각을 통한 음식 즐기기라는 재미도 준다. 신선한 채소와 함께 먹는 찹쌀밥의 고소한 맛은 소소한 라오스의 일상을 편안하게 누리게 한다.

이름난 여행지의 길가에는 다양한 노점음식이 있다. 그 가운데 돼지고기, 닭고기를 꼬치로 구워 파는 것은 매우 흔한 광경이다. 고기에 바르는 양념이 매우 온순해 누구나 즐길 수 있는 음식이다. 물고기도 구워 판다. 생선을 통째로 숯불에 구워 여러 가지 채소와 함께 쌈을 싸먹는 형식이다. 이런 노점음식들은 라오스 사람들이 즐겨먹는 음식이기도 하지만 여행자들도 별 다른 거부감 없이 먹을 수 있는 순한 음식들이다.

인도차이나 반도의 대표음식 중 하나는 역시 쌀국수다. 면발의 굵기나 육수의 종류에 따라 다른 이름으로 불리는 쌀국수는 라오스에서도 쉽게 골라 먹을 수 있다. 베트남의 대표 음식인 쇠고기 육수의 퍼와 닭 뼈를 우린 까오삐약, 국수 위에 다양한 고기를 고명으로 얹어먹는 까오뿐 등 국수의 종류는 다양하다.

우리나라 김치와 같은 파파야 샐러드 땀막홍은 태국의 쏨땀과 같은 음식이다. 다 익기 전의 파파야를 채로 썰어서 매운 고추와 남빠, 향신료를 넣고 버무린 땀막홍은 매운 음식이다. 처음에는 짙은 향과 매운 맛에 얼떨떨해 하지만 맛을 들이면 도저히 뗄 수 없는 중독성을 가졌다.

•

낯선 음식에 적응하기 힘든 여행자들이 라오스를 여행하는 데는 아무 문제가 없다. 바게트와 스테이크 등 다양한 서양음식이 있기 때문이다. 프랑스 식민지 시절 프랑스로부터 이어받은 음식문화가 라오스 전역에 존재한다. 바게트는 기본이고 새로운 기법으로 만든 양과들이 즐비하다. 특히 바게트를 반으로 쪼개 그 속에 소시지나 베이컨, 샐러드 등을 우겨 넣은 바게트 샌드위치는 그들이 고안해 낸 음식으로 라오스를 여행하면서 한 두 번은 먹게 된다.

스테이크는 인근 태국이나 베트남보다 훨씬 더 맛있다. 비엔티안 남푸 분수 주변 프랑스 레스토랑에서 먹은 스테이크는 프랑스 현지에서 먹은 것에 견주어도 손색이 없는 일품이었다. 그리고 라오스 북동부 도시인 폰사반에서 UXO(미폭발 무기) 제거 활동을 벌이는 서양 NGO 소속원들은 "아무것도 할 것 없는 도시에서의 유일한 낙은 스테이크를 먹는 일이다."고 할 정도로 라오스의 스테이크 요리는 믿을만 하다.

한 도시에는 반드시 그 도시를 대표하는 베이커리가 있다. 비엔티안에는 스칸디나비안 베이커리, 루앙프라방에는 조마 베이커리, 방비엥에는 루앙프라방 베이커리가 대표적이다. 이들 베이커리는 과거 바게트를 비롯한 빵 종류만 판매했었는데 지금은 사세를 확장해 다양한 서양음식과 라오스 전통음식을 판매하는 레스토랑으로 커진 상태다.

다시 말하지만 라오스를 여행하는데 음식 걱정을 할 필요는 없다. 라오스의 음식은 그곳에 사는 사람들처럼 자연에 순응하면서 발전한 것이므로 순수하고 정직하다. 그들이 만들어 차려주는 음식을 먹는다는 것은 곧 그들의 마음을 들여다보는 것과 같다. 한 입 가득 짙은 향신료와 함께 삼키는 음식은 곧 라오스의 자연을 입안 가득히 느끼는 특별한 경험이다.

쿱칸마이 라오스

일상에 돌아오면 다시 분주해진다. 복잡하게 얽히는 일과 얼기설기 버거운 인간관계에 놓이면 언제 그랬냐는 듯이 평상에 갇힌다. 간혹 라오스의 뜨거운 햇살과 맵고 진한 음식, 고혹적인 미소가 떠올라 아련한 그리움에 젖는다. 라오스에서 느낀 여유와 자유는 내 삶의 적지 않은 강장제가 된다.

라오스는 아직 우리에게 낯선 나라다. 우리 국민 중 라오스가 어디에 붙어 있는 나라인지 정확하게 아는 사람은 절반 수준에도 못 미친다. 그만큼 라오스는 국제사회에서 알려지지 않은 나라다. 반대로 그러기에 더욱 손때가 묻지 않았다고 생각할 수 있다. 그리고 무한한 가능성으로 잠재된 나라라는 역설도 성립된다.

만약 내게 대한민국이 아닌 다른 나라에서 살라고 한다면 잠시도 머뭇거리지 않고 라오스를 택할 것이다. 내 눈에는 라오스에서 내가 할 수 있는 일들이 부지기수로 널려 있기 때문이다. 물정도 모르고 없애버리는 전통문화의 가치를 깨우쳐 보존하게 하고, 선진 농법을 도입해서 더 많은 소출을 내는 방법을 일깨워 주는 일. 혹은 아직은 미숙한 서비스 정신을

터득하게 해 라오스가 명실공히 세계 최고의 관광국
가로 발전하게 하는 일도 할 수 있을 것 같다.

라오스는 내 꿈의 종착지다. 언젠가 이 땅에서 내
가 할 일을 어느 정도 다 했다고 생각되는 날, 나는
라오스로 가는 이민 보따리를 챙길지도 모른다. 그
꿈이 이뤄지면 나는 새로운 삶의 시작종을 울릴 것
이다. 그 때를 위해 라오스에게 미리 말해둔다. "폽
칸마이(다시 만나자) 라오스."